Dundee-Kuchen

Kuchen und Torten
Karte Nr. 22

26

Vorbereitungszeit 20 Min. · Backzeit 1¼ Std. · Temperatur 160° untere Schiene

125 g Mehl
125 g Zucker
1 Teel. Backpulver
½ Teel. Salz
200 g getrocknete Feigen
200 g Datteln
200 g Paranüsse
100 g rote Cocktailkirschen
50 g grüne Cocktailkirschen
3 Eier

Der Kuchen bleibt, in Folie verpackt, 3-4 Wochen frisch. Er eignet sich auch zum Einfrieren.

1. Mehl, Zucker, Backpulver und Salz in einer großen Schüssel verrühren.

2. Die Feigen und entsteinten Datteln grob hacken und zusammen mit den halbierten oder geviertelten Paranüssen unter die Mehlmischung geben.

3. Die Cocktailkirschen gut abtropfen lassen und ebenfalls untermischen.

4. Die Eier schlagen, langsam in die Mehl-Früchtemischung einlaufen lassen und gründlich verrühren. Den Teig in eine gebutterte, leicht mit Semmelbröseln ausgestreute Kastenform (2 l) geben.

5. ca. 1 ¼ Std. bei schwacher Hitze (160°) backen und den Kuchen vorsichtig zum Auskühlen stürzen.

Maggi

KOCHSTUDIO

Asia

Kreative Rezeptideen rund um die asiatische Küche

Tre Torri

月桂冠

Inhalt

Vorwort

Das MAGGI Kochstudio macht die leckere Asia-Küche endlich zum Koch-Thema für jeden Tag. Unkomplizierte Rezepte und leicht erhältliche Zutaten garantieren Kochspaß und Genuss für die ganze Familie: kalorienarm, schnell, abwechslungsreich!

Das Kochbuch präsentiert die gesamte Bandbreite asiatischer Küche mit typischen Gerichten aus China, Thailand, Japan und Indonesien. Knackiges Gemüse, viel Fisch und schonende Garmethoden garantieren gesunden Gaumenkitzel. Dabei wechseln sich Asia-Klassiker wie Chop Suey, Dim Sum, Ente und Currys ab mit neuen Variationen und überraschenden Kreationen.

Zusätzlich zu den tollen Rezepten werden die wichtigsten Zutaten und Zubereitungsarten der asiatischen Küche leicht verständlich erklärt.
Ein weiterer Service, die neuen Ernährungsplus-Symbole, geben Ihnen wertvolle Ernährungsinformationen.

Modern kochen und genießen mit der ganzen Kompetenz des MAGGI Kochstudio – lassen Sie sich begeistern von einer traditionsreichen Küche, die mit diesem Buch so leicht gelingt wie nie zuvor.

Ihre

Birgit Grün
Leitung Maggi Kochstudio
hilft, berät, gibt Tipps

Kennen Sie die Ernährungsplus-Symbole schon?

Ernährungsplus-Symbole – so heißen unsere neuen Infopunkte, die Ihnen jetzt immer öfter begegnen werden. Auf Maggi Produkten, vor allem aber in unseren Rezepten.
Zum Beispiel bei Rezepten, die laut den Empfehlungen der Deutschen Gesellschaft für Ernährung (kurz: DGE) besonders »fettarm« sind.
Aber sehen Sie selbst, welche unterschiedlichen Ernährungsplus-Symbole es gibt und für was sie stehen:

Dieses Ernährungsplus-Symbol findet sich bei Rezepten, in denen sich die Hauptnährstoffe **besonders ausgewogen** zusammensetzen (Eiweiß: 15–20 %, Fett: 25–30 %, Kohlenhydrate: 50–60 %).

Bei dem Ernährungsplus-Symbol **»fettarm«** können Sie sicher sein, dass höchstens 30 % der Gesamtkalorien des Gerichtes aus Fett stammen (Rechenhilfe zum Nachprüfen: 1g Fett liefert rund 9 kcal).

Das Ernährungsplus-Symbol **»kalorienarm«** findet sich bei Rezepten, die pro Portion nicht mehr als 450 kcal enthalten.

Dieses Ernährungsplus-Symbol findet sich bei Rezepten mit **reinem Sonnenblumenöl**. Dieses ist cholesterinfrei, reich an Vitamin E und besitzt einen hohen Gehalt an der essenziellen Fettsäure Linolsäure.

Was Sie wissen sollten!

1. Typische Zutaten der asiatischen Küche

Gemüse & Pilze

Pak Choi, auch chinesischer Blattsenf genannt, ist ein kalorienarmes, vitaminhaltiges Blattstielgemüse von leicht herbem Geschmack. Er ähnelt unserem Mangold.

Chinakohl ist leicht verdaulich und sehr vielseitig verwendbar. Er eignet sich als Salat oder auch zum Dünsten.

Shiitake-Pilze haben in Japan die gleiche Bedeutung wie bei uns Champignons. Die Pilze sind etwas säuerlich im Geschmack und entfalten ihr Aroma getrocknet am besten.

Mu-Err-Pilze gehören zur Gattung der Baumpilze und sind bei uns meist getrocknet erhältlich. Vor der Zubereitung werden sie eingeweicht und gut gereinigt.

Austernpilze sind sehr saftig und von zarter Konsistenz. Ihr feines Aroma erinnert an den Geruch von Wald.

Sprossen, Keimlinge & Bohnen

Alfalfakeimlinge, auch Luzerne genannt, schmecken frisch, leicht und herb-nussig.

Mungobohnenkeimlinge sind von kerniger Konsistenz und haben einen süßlichen Geschmack.

Sojabohnensprossen sind knackig frisch in den Gerichten und haben ein pikantes Aroma.

Keniabohnen sind dünne Gartenbohnen, die besonders zart und delikat schmecken.

Bambussprossen werden, wie Spargel, jung gestochen und sind im Geschmack eher neutral.

Kräuter & Aromen, Essig & Öl

Ingwer ist eine der typischsten Zutaten und verleiht den Gerichten den charakteristisch asiatischen Geschmack. Frisch gerieben oder fein gewürfelt schmeckt er am intensivsten.

Galgant ähnelt dem Ingwer und schmeckt ebenfalls leicht scharf. Er ist frisch im Ganzen und getrocknet in Scheiben erhältlich. Verwendet wird Galgant vorzugsweise in der thailändischen, malaysischen und indonesischen Küche.

Koriander wird als Samen oder als Kraut verwendet. Das Korianderkraut erinnert im Aussehen an glatte Petersilie, unterscheidet sich geschmacklich jedoch deutlich. Das zarte Kraut fällt schnell zusammen und wird den Speisen deshalb immer erst kurz vor Garende beigegeben.

Kokosmilch ist aus der asiatischen, besonders der thailändischen Küche, nicht wegzudenken. Ihr sanftes Aroma mildert die Schärfe, zum Beispiel von Currys.

Sambal oelek ist eine scharfe Gewürzpaste aus Chili, Salz und Essig. Ganz Mutige dippen sogar damit.

Sojasauce wird aus Sojabohnen und Weizenmehl hergestellt und dient in der asiatischen Küche als Salzersatz. Es gibt sie als helle, dunkle und süße Sauce.

Sojasauce kann man prima selber zubereiten, indem man sieben Teile MAGGI Würze mit drei Teilen Sherry mischt.

Limetten sind saftiger als Zitronen und weniger sauer.

Zitronengras verleiht der Speise ein zitronenartiges Aroma und mildert die Schärfe. Meist wird nur der untere, saftige Teil verwendet, nicht die holzigen Spitzen.

Curry ist eine indische Gewürzmischung, deren Zusammensetzung variieren kann. Hauptzutaten sind Cayennepfeffer, Ingwer, Kori-

ander, Kurkuma, Zimt und Kreuzkümmel. Curry ist als Pulver, Paste oder Sauce erhältlich.
Chili gibt es als grüne und rote Schoten. Ihre feurige Schärfe wird etwas gemildert, wenn man die Kerne und Innenwände entfernt.
Chinesisches 5-Gewürze-Pulver ist eine Mischung aus Pfeffer, Sternanis, Fenchelsamen, Nelken und Zimt.
Fischsauce wird meist als Ersatz für Salz verwendet.
Reiswein, auch Sake genannt, ist das Nationalgetränk der Japaner. Beim Kochen kann Reiswein durch Sherry ersetzt werden.
Sesamöl wird aus gerösteten Sesamsamen hergestellt und hat ein sehr intensives Aroma. Es wird immer kühl aufbewahrt, da es sonst ranzig wird.

2. Typische Zubereitungsarten der asiatischen Küche

Pfannenrühren

Beim Pfannenrühren werden Gemüse, Fisch oder Fleisch bei großer Hitze unter ständigem Rühren kurz gegart. Die Asiaten verwenden dafür den Wok, der typischerweise aus dünnem Eisen besteht und einen gewölbten Boden hat. Aber auch in herkömmlichen Töpfen und Pfannen lassen sich pfannengerührte Gerichte lecker zubereiten; Sie sollten nur darauf achten, dass das Gefäß ausreichend Platz zum Rühren bietet.

Zunächst werden alle Zutaten küchenfertig vorbereitet und klein geschnittten. Stellen Sie am besten auch Kräuter, Gewürze und Saucen griffbereit. Dann wird Öl erhitzt und anschließend portionsweise das Gemüse zugegeben. Achten Sie auf die Reihenfolge: Zuerst kommt das Gemüse mit der längsten Garzeit in Pfanne oder Wok. Bei Gerichten mit Fleisch oder Geflügel wird erst dieses angebraten und dann das Gemüse zugegeben.

Alle Zutaten im Wok müssen ständig gewendet werden und dürfen nur ganz kurz auf dem Pfannen- oder Wokboden liegen bleiben. Zum Schluss kommen Gewürze, Kräuter und Saucen dazu.

Dämpfen

Beim Dämpfen werden Zutaten wie Fisch, Geflügel und Gemüse äußerst schonend gegart, da sie nicht im Wasser liegen, sondern nur mit dem heißen Dampf in Berührung kommen. Aroma, Vitamine und Mineralstoffe bleiben weitestgehend erhalten.

Zum Dämpfen benötigen Sie nicht unbedingt einen Dämpfkorb aus Bambus oder einen Wok mit Dämpfeinsatz. Sie können auch einen Topf mit einem passenden Siebeinsatz verwenden - das ist zwar nicht typisch asiatisch, gelingt und schmeckt aber ebenso gut.

Frittieren

Zum Frittieren eignen sich fast alle Speisen, und die asiatische Küche macht reichlich Gebrauch davon. Das bei uns bekannteste Frittier-Gericht sind Frühlingsrollen.

Hierzulande wird meist eine Fritteuse oder ein hoher Topf verwendet. Die Asiaten frittieren dagegen im Wok. Doch unabhängig vom Gefäß ist beim Frittieren immer größte Vorsicht geboten, denn das Fett wird bis auf 180 °C erhitzt. Ob die gewünschte Temperatur erreicht ist, können Sie testen:
Halten Sie den Stiel eines Holzkochlöffels in das Fett; wenn sich rund um den Stiel Bläschen bilden, ist es heiß genug und Sie können das Gargut vorsichtig hinein geben. Frittieren Sie die Speisen portionsweise, damit das Fett nicht zu stark abkühlt und die Zu-

taten Platz zum »Schwimmen« haben. Heben Sie das Gargut mit einem Schaumlöffel aus der Fritteuse und lassen Sie es gut auf Küchenkrepp abtropfen.

3. Reis- die typisch asiatische Beilage

Sorten

Basmati, Duftreis, Klebreis ... die Asiaten kennen verschiedenste Sorten und schätzen den Reis als wichtigste Beilage. Anders als bei uns, isst man ihn in Asien klebrig. So nimmt er die Soße besser auf und lässt sich leichter mit Stäbchen essen.

Zubereitung

In Asien wird der Reis entweder gequellt oder gedämpft. Beim Quellen gart der Reis ca. 20 Minuten in Flüssigkeit. Man gibt nur so viel Flüssigkeit zu, wie der Reis während des Garens aufnimmt. Als Faustregel gilt: 2 Tassen Wasser auf 1 Tasse Reis.

Das Dämpfen ist die schonendere und damit gesündere Zubereitungsart. Auch erhält der Reis eine lockerere Konsistenz. Man weicht ihn vor dem Garen mindestens 1 Stunde ein, besser noch über Nacht. Danach wird die nicht aufgesogene Flüssigkeit abgegossen und der Reis in einen Siebeinsatz gegeben, der mit einem feuchten Tuch ausgelegt ist. Die Tuchenden werden über dem Reis zusammengeschlagen.

Bringen Sie nun in einem Topf Wasser zum Kochen und stellen Sie den Siebeinsatz so hinein, dass der Reis das Wasser nicht berührt. Decken Sie den Topf zu und lassen Sie den Reis im heißen Dampf ca. 30 Minuten garen.

Chinesische Gemüsesuppe mit Honigmöhren

3 Teller

Zubereitungszeit:	20 Min.
3 Möhren, klein	putzen, waschen, schälen und in feine Streifen schneiden. In einer Pfanne
1 EL THOMY Reines Sonnenblumenöl	heiß werden lassen und Möhren darin andünsten.
1 TL Curry	und
1 TL Honig	zufügen.
750 ml Wasser	zugießen und zum Kochen bringen.
1 Beutel MAGGI Meisterklasse Chinesische Gemüsesuppe	einrühren und zum Kochen bringen. Bei geringer Wärmezufuhr 5 Min. kochen, dabei gelegentlich umrühren. Die Suppe in Tellern anrichten und mit
1 EL Schnittlauchröllchen	garniert servieren.
MAGGI KOCHSTUDIO Ernährungsinfo:	*Je Teller:* *B: 597 kJ (142 kcal)* *N: E 2 g; KH 15 g; F 7 g*

Chinesische Kohlsuppe

Foto

8 Teller

Zubereitungszeit:	40 Min.
2 Zwiebeln	schälen und in Ringe schneiden.
400 g Pak Choi	putzen, waschen, die Stiele in feine, die Blätter in breite Streifen schneiden. In einem Wok oder einer Pfanne
2 EL THOMY Reines Sonnenblumenöl	heiß werden lassen und beides darin ca. 5 Min. dünsten.
1 EL Zitronensaft	zum Gemüse geben.
1,5 l Wasser	zugießen,
2 Beutel MAGGI Fix Suppentopf Asia-Suppe exotisch-würzig	einrühren und zum Kochen bringen. Bei geringer Wärmezufuhr zugedeckt ca. 10 Min. kochen. Dabei gelegentlich umrühren.
400 g Tofu	in ca. 1 cm dicke Scheiben schneiden. In einer Pfanne
2 EL THOMY Reines Sonnenblumenöl	heiß werden lassen. Den Tofu von beiden Seiten braun braten. Mit
MAGGI Würzmischung 3	würzen, aus der Pfanne nehmen und auf Küchenpapier abtropfen lassen. Tofuscheiben in Streifen schneiden und mit der Kohlsuppe servieren.
	Tipp: Verwenden Sie statt Pak Choi Chinakohl oder Mangold.

MAGGI KOCHSTUDIO Ernährungsinfo: Kalorienarm, Vegetarisch, mit Sonnenblumenöl

Je Teller:
B: 677 kJ (161 kcal)
N: E 7 g; KH 12 g; F 9 g

Feine Hühnersuppe mit Kokosmilch

3 Teller

Zubereitungszeit:	20 Min.
150 g Hähnchenbrustfilet	waschen, trockentupfen und in kleine Würfel schneiden.
50 g Zuckerschoten	putzen, waschen und halbieren.
1 Paprikaschote, rot, klein	waschen, Kerne und weiße Innenhäute entfernen und in kleine Würfel schneiden.
	In einem Topf
500 ml Wasser	zum Kochen bringen.
3 EL MAGGI Gourmet Bouillon Huhn	zufügen. Fleischwürfel und Gemüse zugeben und ca. 5 Min. garen.
100 ml Kokosmilch	zufügen und heiß werden lassen.
	Die Suppe in 3 Teller verteilen und mit
2 EL Petersilie, gehackt	garniert servieren.

Tipp: Verwenden Sie statt der Kokosmilch 3 EL Kokosraspeln, die mitgegart werden.

MAGGI KOCHSTUDIO
Ernährungsinfo:

Je Teller:
B: 586 kJ (140 kcal)
N: E 14 g; KH 5 g; F 6 g

Asia-Suppe mit Kalbfleisch und Süßkartoffel

8 Teller

Zubereitungszeit:	40 Min.
400 g Kalbsfilet	waschen, trockentupfen, erst in Scheiben und dann in Streifen schneiden.
300 g Süßkartoffeln	waschen, schälen und in kleine Würfel schneiden.
3 Knoblauchzehen	schälen und in Scheiben schneiden.
1 Peperoni, rot, mild	waschen, Kerne und weiße Innenhäute entfernen und in Ringe schneiden.
1/2 Bund Koriander	und
1/2 Bund Minze	waschen, Blättchen von den Stielen zupfen und klein schneiden.
100 g Erdnüsse, geröstet und gesalzen	grob hacken. Die Kräuter und die Erdnüsse auf 3 Schälchen verteilen. In einem Wok oder einer Pfanne
2 EL THOMY Reines Sonnenblumenöl	heiß werden lassen und das Kalbfleisch kräftig anbraten. Gemüse zugeben und kurz mitdünsten.
1,5 l Wasser	zugießen,
2 Beutel MAGGI Fix Suppentopf Asia-Suppe exotisch-würzig	einrühren und zum Kochen bringen. Bei geringer Wärmezufuhr zugedeckt ca. 10 Min. kochen. Dabei gelegentlich umrühren.

Die Suppe in Tellern anrichten und mit Kräutern und Erdnüssen garniert servieren.

MAGGI KOCHSTUDIO
Ernährungsinfo:

Je Teller:
B: 1013 kJ (242 kcal)
N: E 16 g; KH 19 g; F 11 g

Scharf-saure chinesische Suppe

3 Teller

Zubereitungszeit: 15 Min.

75 g Hähnchenbrustfilet waschen, trockentupfen und in feine Streifen schneiden.
750 ml Wasser zum Kochen bringen und das Fleisch darin 5 Min. kochen.
1 Beutel MAGGI Meisterklasse Chinesische Gemüsesuppe einrühren und zum Kochen bringen. Bei geringer Wärmezufuhr 5 Min. kochen. Dabei gelegentlich umrühren. Mit
1 EL Soja Sauce
1 EL Essig und
2 Messerspitze Sambal oelek scharf-sauer würzen.
1 Bund Koriander, frisch waschen, Blättchen von den Stielen zupfen und klein schneiden. Die Suppe in Tellern anrichten und mit dem Koriander garniert servieren.

MAGGI KOCHSTUDIO Ernährungsinfo: Fettarmes Rezept, Kalorienarm

Je Teller:
B: 416 kJ (99 kcal)
N: E 8 g; KH 8 g; F 3

Scharfe Wan Tan Suppe

Foto

4 Teller

Zubereitungszeit: 15 Min.

1 Chilischote waschen, Kerne und weiße Innenhäute entfernen und in sehr feine Streifen schneiden.
100 g Mungobohnenkeimlinge waschen, abtropfen lassen und evtl. etwas klein schneiden. In einem Topf
1 l Wasser zum Kochen bringen und
2 Beutel MAGGI Meisterklasse Chinesische Wan Tan Suppe einrühren. Chilischoten zugeben und unter Rühren aufkochen. Bei geringer Wärmezufuhr zugedeckt 5 Min. kochen. Mungobohnenkeimlinge zugeben und weitere 5 Min. kochen. Dabei gelegentlich umrühren.

MAGGI KOCHSTUDIO Ernährungsinfo: Fettarmes Rezept, Kalorienarm, Vegetarisch

Je Teller:
B: 484 kJ (115 kcal)
N: E 4 g; KH 18 g; F 3 g

Currysuppe mit Cashewkernen

3 Teller

Zubereitungszeit:	20 Min.
1 Zwiebel	schälen und in Würfel schneiden.
4 EL Cashewkerne	grob hacken.
	In einem Topf
1 EL THOMY Reines Sonnenblumenöl	heiß werden lassen.
	Zwiebelwürfel und Cashewkerne darin andünsten.
1 EL Curry	darüberstäuben und mitdünsten.
750 ml Wasser	zugießen und zum Kochen bringen.
1 Beutel MAGGI Meisterklasse Hühnersuppe mit Nudeln	einrühren. Bei geringer Wärmezufuhr 6 Min. kochen lassen. Dabei gelegentlich umrühren.
	Tipp: Verwenden Sie anstelle des Currypulvers 1 TL Currypaste.
MAGGI KOCHSTUDIO Ernährungsinfo:	*Je Portion:* *B: 704 kJ (168 kcal)* *N: E 5 g; KH 11 g; F 11 g*

Hühnersuppe mit Zitronengras – Tom Khaa Gai

Foto

6 Teller

Zubereitungszeit:	45 Min.
2 Stängel Zitronengras	waschen, längs einschneiden.
1 Stück (ca. 5 cm) Galgant	dünn abschälen, mit einem Messer mehrfach einritzen.
	Galgant und Zitronengras mit
Küchengarn	zusammenbinden.
	In einem Topf
1 Dose (400 ml) Kokosmilch	und

500 ml Wasser zum Kochen bringen. Gemüsebündel und
8 Kaffir-Limettenblätter, frisch oder getrocknet zugeben.
2 EL MAGGI klare Hühner-Bouillon darin auflösen.
200 g Champignons, klein putzen und in Viertel schneiden.
450 g Hähnchenbrustfilet waschen, trockentupfen und in Streifen schneiden. Mit den Champignons zur Suppe geben, bei geringer Wärmezufuhr 15 Min. ziehen lassen.
Kurz vor dem Servieren das Gemüsebündel herausnehmen. Die Suppe mit
2 TL Zitronensaft abschmecken.
1 Chilischote, rot waschen, Kerne und weiße Innenhäute entfernen und in feine Streifen schneiden.
12 Korianderblätter waschen. Suppe in Tellern anrichten und mit den Chilischotenstreifen und den Korianderblättern garniert servieren.

MAGGI KOCHSTUDIO
Ernährungsinfo: Kalorienarm

Je Teller:
B: 921 kJ (220 kcal)
N: E 20 g; KH 2 g; F 14 g

Feurige Nudelsuppe Chinesische Art

Foto links

4 Teller

Zubereitungszeit:	40 Min.
150 g Hähnchenbrustfilet	waschen, trockentupfen, in Streifen schneiden und mit
2 EL Sherry	marinieren.
1 Paprikaschote, rot	waschen, Kerne und weiße Innenhäute entfernen, in Streifen schneiden.
1 Möhre	putzen, waschen, schälen und in Stifte schneiden. In einer Pfanne
1 EL Sesamöl	heiß werden lassen, Fleisch und Gemüse darin anbraten.
750 ml Wasser	zugießen.
1 Chilischote	waschen, Kerne und weiße Innenhäute entfernen, zugeben und zum Kochen bringen.
1 Würfel MAGGI Klare Suppe mit Suppengrün	darin auflösen.
3 Salatblätter	waschen, in Streifen schneiden, mit
100 g Fadennudeln	zur Suppe geben und 3 Min. kochen.
1 Stück Ingwer, frisch	schälen, reiben und mit
1 TL Soja Sauce	zu der Suppe geben. Mit
1 EL MAGGI Soßenbinder für helle Soßen	binden.

MAGGI KOCHSTUDIO
Ernährungsinfo:

Je Teller:
B: 888 kJ (212 kcal)
N: E 14 g; KH 25 g; F 5 g

Asiatische Nudelsuppe

Foto rechts

4 Teller

Zubereitungszeit:	30 Min.
150 g Hähnchenbrustfilet	waschen, trockentupfen, in Streifen schneiden und in
1 EL Essig	marinieren.
1 Paprikaschote, rot	waschen, Kerne und weiße Innenhäute entfernen und in Streifen schneiden.
1 Möhre	putzen, waschen, schälen und in Scheiben schneiden. In einem Topf
1 EL THOMY Reines Sonnenblumenöl	heiß werden lassen. Fleisch und Gemüse darin anbraten.
750 ml Wasser	zugießen und zum Kochen bringen.
1 Chilischote	waschen, zugeben.
2 EL MAGGI Klare Hühner-Bouillon	darin auflösen.
2 Blätter Eisbergsalat	putzen, waschen, in Streifen schneiden, mit
100 g Fadennudeln	zur Suppe geben und 3 Min. kochen. Chilischote herausnehmen. Nach Belieben mit
1 Prise Ingwerpulver	würzen und abschmecken. Mit
1 EL MAGGI Soßenbinder für dunkle Soßen	binden und die Suppe in Tellern anrichten.

MAGGI KOCHSTUDIO
Ernährungsinfo:

Je Teller:
B: 857 kJ (204 kcal)
N: E 13 g; KH 25 g; F 5 g

Süß-saure Garnelensuppe mit Chili

3 Teller

Zubereitungszeit:	20 Min.
150 g Garnelen, geschält u. tiefgefroren	auftauen lassen, waschen und trockentupfen.
1 Chilischote, rot	waschen, Kerne und weiße Innenhäute entfernen und in Streifen schneiden.
1 Stange Lauch, klein	putzen, waschen und in Ringe schneiden.
1 Paprikaschote, rot	waschen, Kerne und weiße Innenhäute entfernen und in Streifen schneiden. In einem Topf
1 EL THOMY Reines Sonnenblumenöl	heiß werden lassen. Das Gemüse darin kurz andünsten.
1 TL Honig	und
1 EL Limettensaft	zufügen und unter das Gemüse rühren.
750 ml Wasser	dazugießen und
1 Beutel MAGGI Fix Suppentopf Asia-Suppe exotisch-würzig	einrühren und zum Kochen bringen. Bei geringer Wärmezufuhr 5 Min. kochen. Dabei gelegentlich umrühren. Die Garnelen in die Suppe geben und darin bei geringer Wärmezufuhr ca. 2 Min. heiß werden lassen.
	Die Suppe in Suppentellern anrichten und mit
2 TL Koriander, gehackt	garniert servieren.

MAGGI KOCHSTUDIO Ernährungsinfo:

Fettarmes Rezept · Kalorienarm

Je Teller:
B: 793 kJ (189 kcal)
N: E 13 g; KH 18 g; F 6 g

Mandschurischer Hühnersalat

6 Portionen

Zubereitungszeit:	75 Min.
	In einem Topf
250 ml Wasser	zum Kochen bringen.
2 TL MAGGI Klare Hühner-Bouillon	darin auflösen.
2 Hühnerbrustfilets	waschen, trockentupfen, zugeben und 20 Min. bei geringer Wärmezufuhr ziehen lassen. Hühnerfleisch herausnehmen, etwas abkühlen lassen und in Würfel schneiden. Mit
1 TL Basilikum, getrocknet	
1 Prise Pfeffer, frisch gemahlen	und
6 EL Soja Sauce, Manis	würzen und ca. 1 Std. ziehen lassen.
1/4 Weißkohl	putzen, waschen, den Strunk entfernen und in Streifen schneiden.
2 Möhren	putzen, waschen, schälen und in Scheiben schneiden.
1 Zwiebel	schälen und in Würfel schneiden. Mit
4 EL Essig	und
1 TL Salz	mischen, mit den Händen kneten und etwas stehen lassen.
1 Peperoni	waschen, Kerne und weiße Innenhäute entfernen, in Streifen schneiden.
1 Schalotte	schälen und in feine Ringe schneiden.
1 Knoblauchzehe	schälen und durchpressen.
	In einer Schüssel
4 EL Essig	
2 EL Olivenöl	
1 EL Mayonnaise	und
1 TL Zucker	verrühren, über die Salatzutaten geben, alles mischen. Mit
1 Prise Zucker	und
1 Prise Pfeffer	würzen und abschmecken und 1 Std. durchziehen lassen. Nochmals mischen. Den Salat auf Tellern anrichten und mit
2 EL Erdnüssen, gehackt	garniert servieren.

Tipp: Servieren Sie dazu Krabbenbrot.

MAGGI KOCHSTUDIO
Ernährungsinfo:

Je Portion:
B: 672 kJ (160 kcal)
N: E 14 g; KH 6 g; F 8 g

Hähnchensalat »Asia«

6 Portionen

Zubereitungszeit:	25 Min.
500 g Hähnchenbrustfilet	waschen, trockentupfen und in ca. 2x2 cm große Würfel schneiden. Mit
Salz	und
Pfeffer	kräftig würzen. In einer Pfanne
2 EL THOMY Reines Sonnenblumenöl	heiß werden lassen und das Hähnchenbrustfilet anbraten.
1 Bund Frühlingszwiebeln	putzen, waschen und in Ringe schneiden.
5 Stangen Staudensellerie	putzen, waschen und in Scheiben schneiden.
400 g Tomaten	waschen, den Blütenansatz entfernen und in Würfel schneiden. Alles mit
10 EL MAGGI Internationale Würzsauce Asia	gut mischen.
1/2 Kopf Eisbergsalat, klein	putzen, waschen und in mundgerechte Stücke zerpflücken. Unter den Salat mischen und servieren.

MAGGI KOCHSTUDIO
Ernährungsinfo: Fettarmes Rezept, Kalorienarm

Je Portion:
B: 849 kJ (203 kcal)
N: E 21 g; KH 16 g; F 4 g

Asiatischer Gemüsesalat mit Rindfleisch

4 Portionen

Zubereitungszeit:	45 Min.
300 g Rinderhüfte	waschen, trockentupfen, in dünne Streifen schneiden und in
3 EL Soja Sauce	ca. 30 Min. marinieren.
2 Zwiebeln	schälen und in Würfel schneiden.
1 Knoblauchzehe	schälen und durchpressen.
3 Paprikaschoten; rot, gelb, grün	waschen, Kerne und weiße Innenhäute entfernen und in Streifen schneiden.
200 g Keniabohnen (grüne, dünne Bohnen)	putzen und waschen.
	In einer Pfanne
4 EL THOMY Reines Sonnenblumenöl	heiß werden lassen und das Fleisch darin scharf anbraten. Zwiebeln und Knoblauch kurz mitdünsten. Paprikastreifen und Keniabohnen zugeben und ca. 5 Min. garen.
2 EL Essig	und
100 ml Wasser	zugießen.
2 TL MAGGI Rinds-Bouillon	einrühren.
1 TL Sambal oelek	und
1 TL Zitronensaft	zugeben. Salat ca. 30 Min. durchziehen lassen. Mit
2 EL Petersilie, glatt, gehackt	garniert servieren.
	Zubereitungszeit ohne Standzeit.

MAGGI KOCHSTUDIO Ernährungsinfo:

Je Portion:
B: 1057 kJ (254 kcal)
N: E 20 g; KH 8 g; F 14 g

Chinesische Wantans mit Mango-Puten-Füllung

28 Stück

Zubereitungszeit:	45 Min.
200 g Putenschnitzel	waschen, trockentupfen, in sehr kleine Würfel schneiden und mit
1 EL THOMY Reines Sonnenblumenöl	mischen.
1 Mango	schälen, das Fruchtfleisch vom Stein lösen und in sehr kleine Würfel schneiden.
250 g Salatgurke	putzen, waschen, halbieren, entkernen und in kleine Würfel schneide
1 Chilischote, rot	waschen, Kerne und weiße Innenhäute entfernen und in Würfel schneiden.
1 Bund Schnittlauch	waschen und in Röllchen schneiden. Einen Wok oder eine Pfanne heiß werden lassen und das Putenfleisc darin kräftig anbraten.
2 EL MAGGI Würze, 2 EL Weißweinessig 1 EL Zucker, braun	und die Chilischote zugeben und die Flüssigkeit vollständig einkochen lassen. Mango- und Gurkenwürfel zufügen und ca. 2 Min. garen. Schnittlauchröllchen unterrühren und etwas abkühlen lassen.
28 Stück Wantan-Teigblätter, tiefgefroren, (8 x 8 cm)	auftauen lassen. Die Ränder mit wenig Wasser bestreichen und jeweils einen Teelöffel Füllung in die Mitte geben. Die Teigecken über der Füllung zusammendrücken, so dass die Wantan gut verschlossen sind. Die Wantan in einen Bambusdämpfer geben. In einem Wok
Wasser	zum Kochen bringen, den Bambusdämpfer mit Deckel hinein setzen. Die Wantans ca. 5 Min. dämpfen. (Das Wasser muß dabei kochen, ev noch etwas zugießen.)
	Für die Ingwersauce:
25 g Ingwer, frisch	schälen und fein hacken. Mit
2 EL Weißweinessig	kochen, bis die Flüssigkeit fast vollständig eingekocht ist. Von der Kochstelle nehmen und mit
125 ml MAGGI Internationale Würzsauce Asia	verrühren. Die Wantans mit der Ingwersauce servieren.
	Tipp: Verwenden Sie Frühlingsrollenteig und frittieren Sie die Wantar
MAGGI KOCHSTUDIO Ernährungsinfo:	*Je Stück: B: 297 kJ (71 kcal) N: E 3 g; KH 12 g; F 0 g*

Dim Sum mit Spargel, Gemüse und Krabben

Foto oben

12 Stück

Zubereitungszeit: 50 Min.

90 g Mehl	
3 EL MAGGI Soßenbinder für helle Soßen	
1 Prise Salz	und
60 ml Wasser, lauwarm	mit den Knethaken des elektrischen Handrührgerätes zu einem Teig verarbeiten. Anschließend mit den Händen zu einer Kugel formen und 30 Min. ruhen lassen.
125 g Spargel, weiß	waschen, schälen und in kleine Würfel schneiden.
5 Zuckerschoten	putzen, waschen und in kleine Würfel schneiden.
1 Möhre	putzen, waschen, schälen und in kleine Würfel schneiden.
1 Knoblauchzehe	schälen und fein hacken.
250 ml Wasser	mit
Fondor	zum Kochen bringen. Spargel und Zuckerschoten darin 3 Min. blanchieren, anschließend abgießen.
	Spargel, Zuckerschoten, Möhre und Knoblauchzehe mit
100 g Krabben,	
1 EL Soja Sauce	und
1 EL MAGGI Soßenbinder für helle Soßen	vermischen. Den vorbereiteten Teig in 12 Teile portionieren. Anschließend zu Kreisen von ca. 10 cm Durchmesser ausrollen. Die Teigkreise zu kleinen Säckchen formen. Jeweils ca. 2 Teelöffel Spargelfüllung hineingeben.
12 Stängel Schnittlauch	waschen und die Dim Sum damit zubinden. In einem mit
1 TL THOMY Reines Sonnenblumenöl	bestrichenen Bambusdämpfer (Bambus-Dämpfeinsatz für den Wok) setzen. Die Dim Sum über heißem Wasserdampf ca. 20 Min. garen. Mit
MAGGI Internationale Würzsauce Asia	servieren.

Tipp: Als warmes Zwischengericht oder mit einem gemischten Blattsalat und Tee als kleines, leichtes Abendessen servieren. Der Schnittlauch läßt sich besser binden, wenn er vorher kurz blanchiert wird!

MAGGI KOCHSTUDIO

Ernährungsinfo: Fettarmes Rezept, Kalorienarm

Je Stück:
B: 261 kJ (62 kcal)
N: E 3 g; KH 10 g; F 0 g

Ein Sternentag!
Was Sie anfassen wird zu Gold.

Loempia

Frühlingsrollen

12 Stück

Zubereitungszeit: 40 Min.

200 g Hähnchenbrustfilet	waschen, trockentupfen und in Streifen schneiden. In einer Pfanne
1 EL Sesamöl	heiß werden lassen. Fleisch darin kurz anbraten und rausnehmen.
1 Möhre, klein	putzen, waschen, schälen.
1 Stange Lauch, klein	putzen, waschen und in feine Ringe schneiden.
1 Zwiebel, klein	putzen, waschen und in Würfel schneiden. Das restliche Gemüse in Streifen schneiden.
1 Knoblauchzehe	und
1 Stück Ingwer	schälen und in kleine Würfel schneiden und andünsten. Möhre, Lauch und Zwiebel mitdünsten.
1 Dose (215 ml) Sojabohnenkeimlinge	abtropfen lassen,
50 g Erbsen, tiefgefroren	zugeben.
375 ml Wasser	zugießen.
1 Beutel MAGGI Fix für China-Pfanne »Chop Suey«	einrühren, aufkochen und 10 Min. kochen. Hähnchenbrust zugeben und alles abkühlen lassen.
1 Packung (250 g) Frühlingsrollenteig	auftauen lassen, auseinander legen, mit einem feuchten Tuch bedecken, damit es nicht austrocknet. Ca. 3 EL Füllung auf die Mitte des Teiges geben, die Ränder mit
1 EL Eiweiß	bestreichen und aufrollen.
	Zum Frittieren:
Öl zum Frittieren	in eine Fritteuse geben, auf 180°C erhitzen. Die Röllchen nacheinander frittieren, gut abtropfen lassen und heiß servieren.

MAGGI KOCHSTUDIO Ernährungsinfo:

Je Stück:
B: 595 kJ (142 kcal)
N: E 6 g; KH 9 g; F 8 g

Indonesische Saté-Spieße

8 Stück

Zubereitungszeit:	30 Min.
650 g Hähnchenbrustfilet	waschen, trockentupfen und in dünne Streifen schneiden. Fleisch wellenförmig auf
8 Holzspieße	stecken (am stumpfen Ende genug Platz zum Anfassen lassen). Aus
3 EL Soja Sauce	
3 EL Weißweinessig	
1 TL Sambal oelek	und
MAGGI Würzmischung 1	eine Marinade bereiten, die Spieße damit bestreichen und im Kühlschrank ca. 1 Std. ziehen lassen. In einer Pfanne
2 EL THOMY Reines Sonnenblumenöl	heiß werden lassen und die Spieße darin unter mehrmaligem Wenden ca. 5 Min. braten.
	Für die Curry-Erdnuss-Sauce: In einem Topf
200 ml Wasser	erwärmen.
1 Beutel MAGGI Meisterklasse Zubereitung für Curry-Rahmsauce	einrühren. Unter Rühren aufkochen und bei geringer Wärmezufuhr 1 Min. kochen. Dabei gelegentlich umrühren.
1 EL Erdnusscreme	und
2 EL Sahne, süß	unterrühren und heiß werden lassen. Nach Belieben mit
1 TL Sambal oelek	würzen und abschmecken. Sauce zu den Spießen servieren.
	Servieren Sie dazu Basmati-Reis.

MAGGI KOCHSTUDIO

Ernährungsinfo:

Je Stück:
B: 650 kJ (155 kcal)
N: E 20 g; KH 2 g; F 6 g

Asia-Glücksrollen

16 Stück

Zubereitungszeit: 45 Min.

1 Kopfsalat putzen, waschen und in große Stücke zerpflücken. Die Blattrippen entfernen.

100 g Sojabohnensprossen waschen.

1/2 Bund Schnittlauch waschen und in ca. 5 cm lange Stücke schneiden.

1/2 Bund Minze waschen, Blättchen von den Stielen zupfen.

150 g Möhren putzen, waschen, schälen und grob raspeln.

400 g Hähnchenbrustfilet waschen, trockentupfen und in kleine Würfel schneiden.

In einem Wok

2 EL THOMY Reines Sonnenblumenöl heiß werden lassen und das Fleisch darin braten. Sojabohnensprossen und Möhren zufügen und mitbraten.

Mit

MAGGI Würzmischung 3 und

1 EL MAGGI Würze würzen und abschmecken. Die Füllung auf einem Teller abkühlen lassen.

16 Blätter Reispapier (24 cm Durchmesser) nacheinander kurz in kaltes Wasser tauchen und zwischen feuchten Küchentüchern weich werden lassen. Das zuerst eingeweichte Reispapier ausbreiten und 1 Salatblatt darauf legen. 2–3 EL Füllung länglich darauf verteilen. Kräuter darauf geben. Die Seiten des Reispapiers nach innen schlagen und fest zusammenrollen.

Die Glücksrollen bis zum Servieren mit Frischhaltefolie abdecken.

Servieren Sie die Glücksrollen mit MAGGI Internationale Würzsauce Asia.

Tipp: Die Glücksrollen können auch im Bambusdämpfer ca. 5 Min. gedämpft werden.

MAGGI KOCHSTUDIO
Ernährungsinfo: Fettarmes Rezept, Kalorienarm

Je Stück:
B: 227 kJ (54 kcal)
N: E 6 g; KH 2 g; F 1 g

Blumenkohl chinesische Art

4 Portionen

Zubereitungszeit:	35 Min.
	In einem Topf
10 g Mu-Err-Pilze, getrocknet	mit
500 ml Wasser	zum Kochen bringen und ca. 5 Min. kochen, abgießen und in feine Streifen schneiden.
10 Wassernüsse a.d. Dose	abtropfen lassen, in dünne Scheiben schneiden.
1 Blumenkohl	putzen, waschen und in Röschen teilen. In einem Wok oder einer Pfanne
4 EL THOMY Reines Sonnenblumenöl	heiß werden lassen, Blumenkohl zugeben und unter ständigem Rühren ca. 2 Min. dünsten. Vorbereitete Pilze und Wassernüsse hinzugeben und 1 Min. unter Rühren dünsten.
375 ml Wasser	zugießen.
1 Beutel MAGGI Fix für China-Pfanne »Chop Suey«	einrühren, zum Kochen bringen und 10 Min. kochen. Mit
1 Spritzer Soja Sauce, Manis	würzen und abschmecken und sofort servieren.

Tipp: Servieren Sie dazu Bandnudeln.

MAGGI KOCHSTUDIO
Ernährungsinfo:

Je Portion:
B: 654 kJ (156 kcal)
N: E 3 g; KH 7 g; F 12 g

Gemüsetaschen à la Suzi Wong

Foto

6 Taschen

Zubereitungszeit:	60 Min.
	Backofen auf 225 °C vorheizen.
	Für die Füllung:
1 Zwiebel	schälen und in Ringe schneiden.
1 Stange Lauch, klein	putzen, waschen und in Ringe schneiden.
1 Stange Staudensellerie	putzen, waschen und in dünne Scheiben schneiden.
300 g Chinakohl	putzen, waschen, den Strunk entfernen und in schmale Streifen schneiden. In einer Pfanne
2 EL THOMY Reines Sonnenblumenöl	heiß werden lassen. Das Gemüse darin unter Rühren andünsten.
50 g Erbsen, tiefgefroren	und
70 g Sojabohnenkeimlinge	zugeben und kurz mitdünsten.
4 EL Wasser	zugießen.
1 Beutel MAGGI Fix für China-Pfanne »Chop Suey«	einrühren, zum Kochen bringen, 10 Min. zugedeckt kochen und etwas abkühlen lassen. Mit
1 EL Tomaten-Ketchup	und
1/2 EL Ingwer, frisch gerieben	würzen und abschmecken.
1 Packung (450 g) Blätterteig, tiefgefroren	antauen lassen, zu einem Rechteck von 20 x 30 cm ausrollen und daraus 6 Quadrate schneiden.
1 Ei	trennen. Die Teigränder mit Eiweiß bestreichen und ca. 1 TL Füllung in die Mitte geben. Die Teigecken zur Mitte falten, an den Rändern festdrücken. Eigelb mit
1 EL Milch	verrühren, die Gemüsetaschen damit bestreichen und auf ein mit
Backpapier	ausgelegtes Backblech legen. Mit
2 EL Sesamkörnern	bestreuen und im Backofen ca. 20 Min. backen.

MAGGI KOCHSTUDIO

Ernährungsinfo:

Je Tasche:
B: 1684 kJ (402 kcal)
N: E 8 g; KH 32 g; F 25 g

Gebackener Tofu

Foto

2 Portionen

Zubereitungszeit:	30 Min.
250 g Tofu	in mundgerechte Würfel schneiden, in
2 EL Soja Sauce	und
2 EL Sesamkörner	wenden. In einem Wok oder einer Pfanne
1 EL THOMY Reines Sonnenblumenöl	heiß werden lassen und den Tofu goldbraun braten und herausnehmen.
1/2 Staude Chinakohl	putzen, waschen, den Strunk entfernen und in Streifen schneiden.
2 Frühlingszwiebeln	putzen, waschen und in Ringe schneiden.
90 g Bambussprossen	in Stücke schneiden. Das Gemüse im restlichen Öl unter Rühren bissfest garen, herausnehmen.
375 ml Wasser	zugießen.
1 Beutel MAGGI Fix für China-Pfanne »Chop Suey«	einrühren, zum Kochen bringen und 10 Min. kochen.
1 EL Tomaten-Ketchup	zufügen. Gemüse und Tofu zugeben und alles heiß werden lassen. Mit
1 EL Petersilie, glatt, gehackt	garniert servieren.

Servieren Sie dazu Reis.

MAGGI KOCHSTUDIO Ernährungsinfo: Kalorienarm · mit Sonnenblumenöl

Je Portion:
B: 1288 kJ (307 kcal)
N: E 18 g; KH 20 g; F 17 g

Thai-Gemüse Pfanne

3 Portionen

Zubereitungszeit:	30 Min.
500 g Gemüse (z.B. Paprikaschoten, Karotten, Zuckerschoten, Broccoli, Champignons, etc.)	putzen, waschen und klein schneiden.
	In einem Wok oder einer Pfanne
2 EL THOMY Reines Sonnenblumenöl	heiß werden lassen und das Gemüse unter Rühren darin anbraten.
200 ml Wasser	und
100 ml Milch	zugießen.
1 Beutel MAGGI Fix für Thai-Hähnchen Pfanne	einrühren und zum Kochen bringen. Bei geringer Wärmezufuhr ca. 5 Min. kochen. Dabei gelegentlich umrühren.
MAGGI KOCHSTUDIO Ernährungsinfo:	Kalorienarm · mit Sonnenblumenöl *Je Portion:* *B: 1000 kJ (239 kcal)* *N: E 8 g; KH 20 g; F 13 g*

Nudeln mit Paprikastreifen

Foto

4 Portionen

Zubereitungszeit:	25 Min.
3 Paprikaschoten; rot, gelb, grün	waschen, Kerne und weiße Innenhäute entfernen und in dünne Streifen schneiden.
1 Bund Frühlingszwiebeln	putzen, waschen und in Ringe schneiden.
100 g Shiitake-Pilze	putzen und vierteln.
250 g BUITONI Linguine	nach Anweisung auf der Packung zubereiten. In einer großen Pfanne oder einem Wok
2 EL THOMY Reines Sonnenblumenöl	heiß werden lassen und die Paprikastreifen ca. 5 Min. braten. Dabei gelegentlich umrühren.
2 EL Cashewkerne	grob hacken, mit Lauchzwiebeln und Pilzen in die Pfanne geben und 3 Min. braten.
500 ml Wasser	zugießen, zum Kochen bringen und
1 Beutel MAGGI Fix für China-Pfanne »Chop Suey«	einrühren und 5 Min. garen. Die Nudeln in die Pfanne geben, heiß werden lassen und mit
2 EL Koriander, gehackt	garniert servieren.

Tipp: Verwenden Sie statt der Shiitake-Pilze Austernpilze.

MAGGI KOCHSTUDIO
Ernährungsinfo:

Je Portion:
B: 1564 kJ (373 kcal)
N: E 11 g; KH 58 g; F 10 g

China-Pfanne Sinkiang

3 Portionen

Zubereitungszeit:	30 Min.
1 EL Erdnüsse	in einer Pfanne ohne Fett rösten.
200 g Austernpilze	putzen, evtl. klein schneiden.
150 g Sojabohnenkeimlinge	waschen und abtropfen lassen.
3 Frühlingszwiebeln	putzen, waschen und schräg in 3 cm lange Stücke schneiden.
1 Möhre	putzen, waschen, schälen und in Scheiben schneiden.

150 g Reis	nach Anweisung auf der Packung kochen. In einem Wok oder einer Pfanne
2 EL THOMY Reines Sonnenblumenöl	heiß werden lassen. Pilze darin dünsten. Restliches Gemüse in die Pfanne geben und zugedeckt ca. 3 Min. dünsten, dabei gelegentlich wenden, dann herausnehmen.
375 ml Wasser	zugießen.
1 Beutel MAGGI Fix für China-Pfanne »Chop Suey«	einrühren, zum Kochen bringen und 10 Min. zugedeckt kochen. Mit
1 EL Soja Sauce	würzen und abschmecken. Gemüse und Pilze in der Soße heiß werden lassen, mit Erdnüssen bestreuen und auf Tellern mit dem Reis anrichten.

Tipp: Statt Austernpilze kann auch Tofu verwendet werden.

MAGGI KOCHSTUDIO
Ernährungsinfo:

Je Portion:
B: 1541 kJ (368 kcal)
N: E 11 g; KH 48 g; F 12 g

Chinapfanne mit Pilzen

3 Portionen

Zubereitungszeit:	25 Min.
1 Bund Frühlingszwiebeln	putzen, waschen und in 5 cm breite Ringe schneiden.
1 Paprikaschote, rot	waschen, Kerne und weiße Innenhäute entfernen und in Würfel schneiden.
400 g Austernpilze	putzen und in große Würfel schneiden. In einer Pfanne oder einem Wok
2 EL THOMY Reines Sonnenblumenöl	heiß werden lassen. Pilze und Gemüse darin andünsten. Aus der Pfanne nehmen.
375 ml Wasser	zugießen und
1 Beutel MAGGI Fix für China-Pfanne »Chop Suey«	einrühren und zum Kochen bringen. Das Gemüse zugeben und zugedeckt ca. 10 Min. bei geringer Wärmezufuhr kochen. Nach Belieben mit
1 TL Soja Sauce	würzen und abschmecken.

Servieren Sie das Gericht zu Reis oder Nudeln.

MAGGI KOCHSTUDIO Ernährungsinfo:

kalorienarm · mit Sonnenblumenöl

Je Portion:
B: 687 kJ (164 kcal)
N: E 6 g; KH 12 g; F 9 g

Chinapfanne Kanton

Foto

3 Portionen

Zubereitungszeit:	40 Min.
500 g Broccoli	putzen, waschen und in Röschen teilen.
1 Paprikaschote, rot	putzen, waschen, Kerne und weiße Innenhäute entfernen und Würfel schneiden.
300 g Möhren	putzen, waschen, schälen und in Scheiben schneiden. In einer Pfanne oder einem Wok
2 EL THOMY Reines Sonnenblumenöl	heiß werden lassen und das Gemüse darin andünsten.
375 ml Wasser	zugießen.
1 Beutel MAGGI Fix für China-Pfanne »Chop Suey«	einrühren, zum Kochen bringen und zugedeckt 10 Min. kochen lassen.
50 g Sojabohnenkeimlinge	unterrühren, heiß werden lassen. Mit
1 EL Soja Sauce	würzen und abschmecken.
2 EL Sesamkörner	in einer Pfanne ohne Fett rösten und über die auf Tellern angerichtete Chinapfanne streuen.

Servieren Sie dazu Reis.

MAGGI KOCHSTUDIO
Ernährungsinfo:

Kalorienarm · mit Sonnenblumenöl

Je Portion:
B: 976 kJ (233 kcal)
N: E 10 g; KH 18 g; F 11 g

Pfannengemüse

Foto

4 Portionen

Zubereitungszeit: 30 Min.

1 Broccoli putzen, waschen und in Röschen teilen. Den Stiel schälen und in Würfel schneiden.
2 Möhren putzen, waschen,schälen und in Stifte schneiden.
3 Frühlingszwiebeln putzen, waschen und in Ringe schneiden.
150 g Champignons putzen, in Viertel schneiden.
1 Dose Bambussprossen in Scheiben abtropfen lassen.
In einem Wok oder einer Pfanne
8 EL THOMY Reines Sonnenblumenöl heiß werden lassen. Broccoli und Möhren zugeben und ca. 5 Min. unter Rühren dünsten. Frühlingszwiebeln, Champignons und Bambussprossen zugeben und ca. 3 Min. dünsten.

Mit
2 EL Fischsauce
3 EL MAGGI Würze
1 EL Zucker und
5 EL Reiswein- oder Weinessig würzen und abschmecken.

Servieren Sie dazu Reis und
MAGGI Internationale Würzsauce Asia.

MAGGI KOCHSTUDIO
Ernährungsinfo:

Je Portion:
B: 1249 kJ (298 kcal)
N: E 7 g; KH 10 g; F 24 g

Gemüse-China-Pfanne

3 Portionen

Zubereitungszeit: 30 Min.

1 Stange Lauch putzen, waschen und in Ringe schneiden.
2 Möhren putzen, waschen, schälen und in Scheiben schneiden.
1 Paprikaschote, rot waschen, Kerne und weiße Innenhäute entfernen und in Streifen schneiden.

	In einer Pfanne
1 EL THOMY Reines Sonnenblumenöl	heiß werden lassen und das Gemüse darin unter Rühren dünsten.
375 ml Wasser	zugießen und
1 Beutel MAGGI Fix für China-Pfanne »Chop Suey«	einrühren, zum Kochen bringen und zugedeckt bei geringer Wärmezufuhr 10 Min. kochen.
100 g Sojabohnensprossen	waschen, zugeben und heiß werden lassen. Mit
1 TL Soja Sauce	würzen und abschmecken.
2 EL Sesamkörner	in einer Pfanne ohne Fett rösten und über das angerichtete Gemüse geben.
MAGGI KOCHSTUDIO Ernährungsinfo:	*Je Portion:* *B: 704 kJ (168 kcal)* *N: E 6 g; KH 14 g; F 7 g*

Buntes Asiagemüse

4 Portionen

Zubereitungszeit:	30 Min.
3 Stangen Staudensellerie	putzen, waschen und in Scheiben schneiden.
1 Paprikaschote, rot	waschen, Kerne und weiße Innenhäute entfernen und in Würfel schneiden.
2 Möhren	putzen, waschen, schälen und in Scheiben schneiden.
1 Bund Frühlingszwiebeln	putzen, waschen und in Ringe schneiden.
30 g Ingwer	schälen und in kleine Würfel schneiden.
2 Knoblauchzehen	schälen und durchpressen. In einem Wok oder einer Pfanne
2 EL THOMY Reines Sonnenblumenöl	heiß werden lassen.
2 EL Cashewkerne	zufügen und goldbraun rösten. Ingwer und Knoblauch zugeben und mitdünsten. Das Gemüse zufügen. Mit
1 TL Chinesisches 5-Gewürze-Pulver	würzen und ca. 2 Min. unter ständigem Rühren braten.
150 g Bohnenkeime	waschen, abtropfen lassen, zu dem Gemüse geben und 1 Min. braten.
100 ml Wasser	zugießen.
2 EL MAGGI Feine Pfannen Sauce Zwiebel	einrühren und aufkochen. Mit
2 EL Koriander, gehackt	garniert servieren.

MAGGI KOCHSTUDIO
Ernährungsinfo:

Je Portion:
B: 730 kJ (174 kcal)
N: E 5 g; KH 12 g; F 11 g

Rindfleisch süß-sauer

Foto

3 Portionen

Zubereitungszeit: 45 Min.

250 g Rinderfilet	waschen, trockentupfen und in Streifen schneiden. Mit
2 EL Soja Sauce	mischen und 30 Min. marinieren.
2 Möhren	putzen, waschen, schälen und in Streifen schneiden.
2 Stangen Lauch	putzen, waschen, in Ringe schneiden.
	In einer Pfanne
2 EL THOMY Reines Sonnenblumenöl	heiß werden lassen. Das marinierte Fleisch kurz darin braten und aus der Pfanne nehmen. Im Bratfett Gemüse andünsten.
4 EL Weißwein, trocken	zugießen.
200 ml Wasser	zugießen und zum Kochen bringen.
1 Würfel MAGGI Bratensaft	darin auflösen und 5 Min. kochen.
$^1/_2$ EL Reiswein oder Weißweinessig	zufügen. Fleisch zugeben und heiß werden lassen.
50 g Erdnüsse	in einer Pfanne ohne Fett rösten. Fleisch auf Tellern anrichten und mit Erdnüssen garniert servieren.

Servieren Sie dazu Reis.

MAGGI KOCHSTUDIO
Ernährungsinfo:

Je Portion:
B: 1494 kJ (357 kcal)
N: E 26 g; KH 11 g; F 21 g

Indisches Reisgericht mit Rindfleisch

3 Portionen

Zubereitungszeit:	45 Min.
1 Zwiebel	schälen und in Würfel schneiden. In einem Topf
2 EL THOMY Reines Sonnenblumenöl	heiß werden lassen.
300 g Rindfleisch a.d. Keule	waschen, trockentupfen und mit der Zwiebel darin anbraten.
1 TL Curry	darüber streuen.
1 Paprikaschote, rot	waschen, Kerne und weiße Innenhäute entfernen und in kleine Würfel schneiden, mit
200 g Reis	in den Topf geben.
400 ml Wasser	zugießen.
1 Würfel MAGGI Klare Fleisch Suppe	darin auflösen, und zum Kochen bringen. Bei geringer Wärmezufuhr ca. 25 Min. ausquellen lassen.
1 Banane	schälen, in Scheiben schneiden, unterheben, heiß werden lassen, auf Tellern anrichten. Mit
1 EL Erdnüsse, gehackt	bestreuen.

MAGGI KOCHSTUDIO Ernährungsinfo:

mit Sonnenblumenöl

Je Portion:
B: 2242 kJ (535 kcal)
N: E 28 g; KH 60 g; F 19 g

Süß-scharfes Filet

4 Portionen

Zubereitungszeit: 40 Min.

Backofengrill vorheizen.

500 g Schweinefilet waschen, trockentupfen und in ca. 2 cm dicke Scheiben schneiden.

In eine Auflaufform legen und mit

8 EL MAGGI Internationale Würzsauce Asia ca. 30 Min. zugedeckt im Kühlschrank marinieren.

Unter dem Backofengrill ca. 10 Min. grillen.

Servieren Sie dazu Basmati-Reis.

Tipp: Sie können das Filet auch auf dem Holzkohlegrill grillen.

MAGGI KOCHSTUDIO Ernährungsinfo: Fettarmes Rezept, Kalorienarm

Je Portion:
B: 795 kJ (190 kcal)
N: E 26 g; KH 14 g; F 2 g

Geschnetzeltes »süß-scharf«

4 Portionen

Zubereitungszeit:	20 Min.
500 g Schweinegeschnetzeltes	mit
MAGGI Würzmischung 1	würzen.
2 Paprikaschoten, rot u. grün	waschen, Kerne und weiße Innenhäute entfernen und in ca. 2 x 2 cm große Stücke schneiden.
1 Stange Lauch	putzen, waschen und in Ringe schneiden.
1 Gemüsezwiebel	schälen und in Würfel schneiden.
	In einem Wok oder einer großen Pfanne
3 EL THOMY Reines Sonnenblumenöl	heiß werden lassen und das Fleisch darin kräftig anbraten. Paprika, Lauch und Zwiebel zufügen und mit anbraten.
12 EL MAGGI Internationale Würzsauce Asia	zufügen und unterrühren.
150 g Mungobohnenkeimlinge	waschen und evtl. etwas klein schneiden. Über das Geschnetzelte streuen und im Wok servieren.

Servieren Sie dazu Basmati-Reis.

MAGGI KOCHSTUDIO
Ernährungsinfo:

Je Portion:
B: 1816 kJ (434 kcal)
N: E 31 g; KH 29 g; F 21 g

Chop Suey

3 Portionen

Zubereitungszeit:	30 Min.
50 g Glasnudeln	nach Anweisung auf der Packung zubereiten.
350 g Schweineschnitzel	waschen, trockentupfen und in feine Streifen schneiden.
150 g Staudensellerie	putzen, waschen und in Scheiben schneiden. In einem Topf
1 EL THOMY Reines Sonnenblumenöl	heiß werden lassen. Fleisch darin kurz anbraten. Das Gemüse zugeben und
375 ml Wasser	zugießen.
2 Beutel MAGGI Fix für China-Pfanne »Chop Suey«	einrühren, zum Kochen bringen und 10 Min. bei geringer Wärmezufuhr kochen. Dabei gelegentlich umrühren. Glasnudeln und
100 g Sojabohnenkeimlinge	untermischen und heiß werden lassen.
MAGGI KOCHSTUDIO Ernährungsinfo:	Fettarmes Rezept, Kalorienarm *Je Portion:* *B: 1373 kJ (328 kcal)* *N: E 31 g; KH 31 g; F 7 g*

Konompan Nah Muh

Pikante Kokosecken

48 Stück

Zubereitungszeit:	60 Min.
1 Beutel MAGGI Fix für Hackbraten	in
125 ml Wasser, kalt	einrühren.
500 g Hackfleisch, gemischt	und
5 EL Kokosflocken	zugeben und mischen.
12 Scheiben Toastbrot, altbacken	mit der Hackfleischmasse bestreichen, dabei etwas festdrücken. Die Toastbrotscheiben zweimal diagonal durchschneiden. In einer Pfanne
8 EL THOMY Reines Sonnenblumenöl	nacheinander heiß werden lassen. Die Kokosecken portionsweise mit der Fleischseite nach unten ca. 5 Min. anbraten,

	wenden und solange weiterbraten, bis das Toastbrot eine goldgelbe Farbe hat.
	Bei Bedarf noch etwas Öl zufügen.
	Kokosecken auf
Küchenkrepp	abtropfen lassen und servieren.

MAGGI KOCHSTUDIO Ernährungsinfo:

Je Stück:
B: 301 kJ (72 kcal)
N: E 3 g; KH 4 g; F 4 g

Suki-Yaki

Japanisches Fleischgericht

3 Portionen

Zubereitungszeit:	30 Min.
300 g Schweinefleisch	waschen, trockentupfen und in feine Streifen schneiden.
1 Knoblauchzehe	schälen und durchpressen. Mit
2 EL Soja Sauce	
2 EL Essig	
1/2 TL Zucker	und
1/2 TL Sambal oelek	mischen. Über das Fleisch geben und ca. 6 Std. zugedeckt durchziehen lassen, öfter umrühren. Marinade abgießen und aufheben.
250 g Zwiebeln	schälen und in dünne Ringe schneiden.
250 g Lauch	putzen, waschen und in 1 cm breite Ringe schneiden.
	In einem Wok oder einer Pfanne
3 EL THOMY Reines Sonnenblumenöl	heiß werden lassen, das Fleisch darin anbraten. Zwiebeln und Lauch zugeben, kurz mitdünsten, dabei öfter wenden. Fleisch und Gemüse aus dem Wok nehmen. Marinade mit
Wasser	auf
375 ml	ergänzen und in den Wok geben.
1 Beutel MAGGI Fix für China-Pfanne »Chop Suey«	einrühren, zum Kochen bringen und zugedeckt ca. 10 Min. bei geringer Wärmezufuhr kochen. Dabei gelegentlich umrühren. Fleisch und Gemüse wieder zugeben, mischen und heiß werden lassen.
	Zubereitungszeit ohne Marinierzeit.

MAGGI KOCHSTUDIO Ernährungsinfo:

Je Portion:
B: 1554 kJ (371 kcal)
N: E 27 g; KH 16 g; F 22 g

Chinesisches Fondue

4 Portionen

Zubereitungszeit:	45 Min.
200 g Rinderfilet	und
200 g Schweinefilet	häuten, waschen, trockentupfen, ca. 30 Min. in das Gefrierfach legen und in dünne Scheiben schneiden.
200 g Putenbrustfilet	waschen, trockentupfen und in feine Streifen schneiden.
2 Möhren	putzen, waschen, schälen.
4 Stangen Bleichsellerie	putzen, waschen.
1 Staude Chicorée	putzen, waschen und den Strunk entfernen. Gemüse in dünne Scheiben schneiden und mit
200 g Garnelen	auf 4 Tellern anrichten.
1,5 ml Wasser	in einem Fonduetopf zum Kochen bringen.
1 1/2 Würfel MAGGI Klare Gemüse Brühe	darin auflösen. Mit
4 EL Sherry, trocken	abschmecken, Gemüse-Bouillon auf ein Rechaud stellen und ständig auf dem Siedepunkt halten. Die Zutaten in kleinen Fonduesieben in der Boullion garen und auf dem Teller in
MAGGI Internationale Würzsauce Asia	dippen.

MAGGI KOCHSTUDIO Ernährungsinfo: Fettarmes Rezept, Kalorienarm

Je Portion:
B: 1270 kJ (303 kcal)
N: E 47 g; KH 11 g; F 5 g

Fleischklößchen süß-sauer auf Nudeln

6 Portionen

Zubereitungszeit:	40 Min.
1 Stange Lauch	putzen, waschen und in sehr feine Ringe schneiden.
500 g Rinderhackfleisch	mit
6 EL Soja Sauce, Manis	
4 EL Sherry	und
2 Eier	verrühren, mit
MAGGI Würzmischung 1	würzen, den Lauch zugeben und kleine Klößchen formen.
250 g Möhren	putzen, waschen, schälen und in schräge Scheiben schneiden. In einem Wok oder einer Pfanne
1 EL THOMY Reines Sonnenblumenöl	heiß werden lassen, Fleischklößchen darin braten und warmstellen. Anschließend die Möhren kurz andünsten.
1 Tasse Wasser	zugießen und
1 TL MAGGI Klare Hühner-Bouillon	darin auflösen und bei geringer Wärmezufuhr ca. 10 Min. garen.
4 EL Tomaten-Ketchup	zufügen und zum Kochen bringen.
2 EL Speisestärke	mit
1 Tasse Wasser	verrühren, in das Gemüse einrühren, aufkochen und mit
Pfeffer	und
2 EL Soja Sauce, Manis	würzen und abschmecken.
250 g BUITONI Tagliatelle	nach Anweisung auf der Packung zubereiten und abtropfen lassen. Nudeln auf eine vorgewärmte Platte geben, die Klößchen darauf verteilen und mit der Gemüse-Soße überziehen.

MAGGI KOCHSTUDIO Ernährungsinfo:

Je Portion:
B: 1880 kJ (449 kcal)
N: E 29 g; KH 41 g; F 17 g

Streetfood-Noodles

2 Portionen

Zubereitungszeit:	15 Min.
3 Frühlingszwiebeln	putzen, waschen und in Ringe schneiden.
1 Chilischote, rot, klein	waschen, Kerne und weiße Innenhäute entfernen und in kleine Würfel schneiden.
1 Stück (1 cm) Ingwer	schälen und reiben. In einem Topf
1 EL THOMY Reines Sonnenblumenöl	heiß werden lassen.
150 g Hackfleisch, gemischt	darin anbraten, Frühlingszwiebelringe, Chiliwürfel und Ingwer zugeben und mitdünsten.
300 ml Wasser	zugießen, zum Kochen bringen. Die Nudeln und den Inhalt des Gewürzbeutels von
1 Packung MAGGI Asia Nudel Snack »Kari-Curry«	zugeben und bei geringer Wärmezufuhr zugedeckt ca. 4 Min. kochen, dabei gelegentlich umrühren.
1 EL Erdnusscreme	unterrühren, auf Tellern anrichten und servieren.

MAGGI KOCHSTUDIO
Ernährungsinfo:

Je Portion:
B: 1705 kJ (407 kcal)
N: E 25 g; KH 27 g; F 21 g

China-Pfanne mit Sprossen

3 Portionen

Zubereitungszeit:	20 Min.
200 g BUITONI Tagliatelle	nach Anweisung auf der Packung zubereiten. In einem Wok oder einer Pfanne
1 EL THOMY Reines Sonnenblumenöl	heiß werden lassen und
200 g Hackfleisch	anbraten.
1 EL Soja Sauce	zufügen.
300 ml Wasser	zugießen.
1 Beutel MAGGI Fix für China-Pfanne »Chop Suey«	einrühren und zum Kochen bringen. Bei geringer Wärmezufuhr ca. 5 Min kochen, gelegenlich umrühren.
150 g Sojabohnenkeimlinge	zugeben und heiß werden lassen. In einer Pfanne
1 EL THOMY Reines Sonnenblumenöl	heiß werden lassen und die Nudeln darin anbraten. Sauce darüber geben, mischen und kurz durchziehen lassen.

MAGGI KOCHSTUDIO Ernährungsinfo:

mit Sonnenblumenöl

Je Portion:
B: 2173 kJ (519 kcal)
N: E 26 g; KH 56 g; F 19 g

Ente Shanghai

6 Portionen

Zubereitungszeit:	130 Min.
	Den Römertopf ca. 30 Min. wässern.
1 Bund Frühlingszwiebeln	putzen, waschen und in Ringe schneiden.
1 Stück Ingwer, (5 cm), frisch	schälen, in hauchdünne Scheiben hobeln und beides in den Topf geben.
1 (ca. 1 1/2 kg) Ente	waschen, trockentupfen und auf das Gemüse legen.
1 TL MAGGI Klare Hühner-Bouillon	in
150 ml Wasser	auflösen, mit
5 TL Soja Sauce	
4 EL Reiswein	
2 TL Zucker, braun	und
1 Prise Sternanis	verrühren und über die Ente gießen. Römertopf in den kalten Backofen stellen und bei 230 °C ca. 1 1/2 Std. garen. Die Ente während des Garens mehrmals mit dem Bratenfond begießen. Nach einer guten Stunde die Ente aus dem Topf nehmen, den Fond in einen Topf gießen und überschüssiges Fett abschöpfen. Die Ente zurück in den Topf legen und weitere 15 Min. bei Oberhitze knusprig braten. Den Fond auf dem Herd aufkochen lassen, mit dem Schneidestab die Sauce pürieren und
1 Packung MAGGI Delikatess Soße zu Geflügel	einrühren und aufkochen lassen.
	Servieren Sie als Beilage Reis mit Ananas.
MAGGI KOCHSTUDIO Ernährungsinfo:	*Je Portion:* *B: 3024 kJ (722 kcal)* *N: E 46 g; KH 26 g; F 43 g*

Knusprige Entenbrust mit Ananas

Foto

4 Portionen

Zubereitungszeit:	40 Min.
$^1/_2$ Ananas	schälen, den Strunk entfernen und in kleine Würfel schneiden.
$^1/_2$ Bund Frühlingszwiebeln	putzen, waschen und in 1 cm lange Ringe schneiden.
2 (à 400 g) Entenbrustfilets	waschen, trockentupfen und mit
MAGGI Würzmischung 1	von beiden Seiten würzen. Die Entenbrustfilets mit der Hautseite nach unten in eine beschichtete kalte Pfanne geben, heiß werden lassen und ca. 12 Min. braten. Die Filets wenden und weitere 12 Min. braten. In einem Topf
1 TL Honig	erwärmen, die Filets damit bestreichen, aus der Pfanne nehmen und warmstellen. Die Frühlingszwiebeln in das heiße Bratfett geben und andünsten. Ananaswürfel zugeben und mitdünsten. Mit dem restlichen Honig
1 EL Soja Sauce	und
Pfeffer	würzen und abschmecken.

Servieren Sie dazu eine Wildreismischung.

MAGGI KOCHSTUDIO Ernährungsinfo:

Je Portion:
B: 2495 kJ (596 kcal)
N: E 37 g; KH 23 g; F 32 g

Schnelle Hähnchenpfanne »Asia«

4 Portionen

Zubereitungszeit:	20 Min.
500 g Hähnchenbrustfilet	waschen, trockentupfen und in Würfel schneiden. Mit
MAGGI Würzmischung 1	würzen.
2 Paprikaschoten rot und gelb	waschen, Kerne und weiße Innenhäute entfernen und in ca. 2 x 2 cm große Stücke schneiden. In einem Wok oder einer Pfanne
3 EL THOMY Reines Sonnenblumenöl	heiß werden lassen und das Fleisch darin kräftig anbraten. Paprika zufügen und mit anbraten.
250 ml MAGGI Internationale Würzsauce Asia	zufügen und unterrühren.
200 g Mungobohnenkeimlinge	waschen und evtl. etwas klein schneiden. Zufügen und mit heiß werden lassen. Mit
3 EL Cashewkernen	bestreut servieren.

Servieren Sie dazu Basmati-Reis.

Tipp: Rösten Sie die Cashewkerne in einer Pfanne ohne Fett und geben Sie sie dann über das fertige Gericht.

MAGGI KOCHSTUDIO
Ernährungsinfo:

Je Portion:
B: 1553 kJ (371 kcal)
N: E 33 g; KH 28 g; F 13 g

Hähnchen-Spinat Pfanne mit Cashewkernen

3 Portionen

Zubereitungszeit:	30 Min.
125 g Blattspinat, tiefgefroren	auftauen lassen und etwas ausdrücken.
2 EL Cashewkerne	in einer Pfanne ohne Fett rösten, herausnehmen.
300 g Hähnchenbrustfilet	waschen, trockentupfen und in Würfel schneiden. In einer Pfanne
2 EL THOMY Reines Sonnenblumenöl	heiß werden lassen. Hähnchenbrustwürfel darin anbraten.
200 ml Wasser	und
100 ml Milch	zugießen.
1 Beutel MAGGI Fix für Thai-Hähnchen Pfanne	einrühren und zum Kochen bringen. Spinat zugeben und bei geringer Wärmezufuhr ca. 5 Min. kochen. Dabei gelegentlich umrühren. Mit den Cashewkernen bestreut servieren.
MAGGI KOCHSTUDIO Ernährungsinfo:	*Je Portion:* *B: 1259 kJ (301 kcal)* *N: E 28 g; KH 9 g; F 16 g*

Geflügelpfanne Chinatown

Foto rechts

4 Portionen

Zubereitungszeit:	30 Min.
300 g Hähnchenbrustfilet	waschen, trockentupfen, in Streifen schneiden. In einer Pfanne
1 EL THOMY Reines Sonnenblumenöl	heiß werden lassen. Das Fleisch darin anbraten.
1 Glas (330 g) Kürbis, eingelegt	abtropfen lassen. In Würfel schneiden.
50 g Datteln, getrocknet	entsteinen, in Streifen schneiden, beides zu dem Fleisch geben.

350 ml Wasser	zugießen.
1 Beutel MAGGI Fix für China-Pfanne »Chop Suey«	einrühren, zum Kochen bringen und 10 Min. kochen.
250 g Chinakohl	putzen, waschen, den Strunk entfernen, in feine Streifen schneiden, untermischen und heiß werden lassen.

Tipp: Sie können auch frischen Kürbis statt Kürbis aus dem Glas verwenden.

MAGGI KOCHSTUDIO
Ernährungsinfo: Fettarmes Rezept, Kalorienarm

Je Portion:
B: 802 kJ (191 kcal)
N: E 19 g; KH 16 g; F 3 g

Gemüseeintopf mit Curryhuhn

1 Portion

Zubereitungszeit:	35 Min.
150 g Erbsen, tiefgefroren	auftauen lassen.
1/2 Stange Lauch	putzen, waschen und in Ringe schneiden.
3 Stangen Staudensellerie	putzen, waschen und in Scheiben schneiden.
1 Karotte	putzen, waschen, schälen und in Scheiben schneiden.
100 g Hähnchenbrustfilet	waschen, trockentupfen, in Streifen schneiden, mit
1/2 TL Curry	würzen.
	In einer Pfanne
2 EL THOMY Reines Sonnenblumenöl	heiß werden lassen. Fleisch darin anbraten, herausnehmen, Gemüse zugeben und kurz dünsten.
250 ml Wasser	zugießen, zum Kochen bringen.
2 TL MAGGI Klare Hühner-Bouillon	darin auflösen, aufkochen und ca. 10 Min. kochen.
150 g Kartoffeln, gekocht	waschen, schälen und in Würfel schneiden. Mit den Fleischstreifen zugeben und weitere 5 Min. kochen.
	Mit
1 TL Petersilie, glatt, gehackt	garniert servieren.

MAGGI KOCHSTUDIO Ernährungsinfo:

Je Portion:
B: 2686 kJ (641 kcal)
N: E 40 g; KH 53 g; F 28 g

Cashew-Chicken Foto

4 Portionen

Zubereitungszeit:	30 Min.
600 g Hähnchenbrustfilet	waschen, trockentupfen, in Würfel schneiden und mit
MAGGI Würzmischung 1	würzen.
1 Bund Frühlingszwiebeln	putzen, waschen und in Ringe schneiden.
1 Paprikaschote, rot	waschen, Kerne und weiße Innenhäute entfernen und in Streifen schneiden.
	In einem Wok oder einer Pfanne
5 EL THOMY Reines Sonnenblumenöl	heiß werden lassen.
100 g Cashewkerne	darin ca. 1 Min. braten. Mit einem Schaumlöffel herausnehmen und auf Küchenpapier abtropfen lassen. Das Fleisch in den Wok geben un ca. 2 Min. braten. Gemüse zufügen und weitere 3 Min. braten.
200 ml MAGGI Internationale Würzsauce Asia	zufügen und heiß werden lassen.
	Servieren Sie dazu Basmati-Reis.

MAGGI KOCHSTUDIO Ernährungsinfo:

Je Portion:
B: 2214 kJ (529 kcal)
N: E 40 g; KH 29 g; F 26 g

Bambus-Huhn Shandong

4 Portionen

Zubereitungszeit:	50 Min.
250 g Hähnchenbrustfilet	waschen, trockentupfen und in feine Streifen schneiden.
2 EL Sherry	und
2 EL Soja Sauce, Manis	zufügen, ca. 30 Min. ziehen lassen.
1 Dose (580 ml) LIBBY´S Ananas in Scheiben	abtropfen lassen, in Achtel schneiden.
125 g Bambusschösslinge	in Streifen schneiden
1 Frühlingszwiebel	putzen, waschen und in Ringe schneiden. In einem Wok oder einer Pfanne
1 EL THOMY Reines Sonnenblumenöl	heiß werden lassen, die marinierten Hähnchenbrustfilets nach und nach darin anbraten, auf eine Platte geben und warmstellen. In einem Wok oder einer Pfanne
1 EL THOMY Reines Sonnenblumenöl	heiß werden lassen und
100 g Nüsse, gemischt	kurz darin anbraten, Ananas und Bambus zugeben, heiß werden lassen und über das Hähnchenfleisch geben.
2 EL THOMY Tomadoro Tomatenmark	
250 ml Wasser	und
125 ml Ananassaft	zugießen.
1 Beutel MAGGI Fix für China-Pfanne »Chop Suey«	einrühren, zum Kochen bringen und 10 Min. kochen. Mit
1 Prise Pfeffer	und
1 EL Soja Sauce, Manis	pikant würzen und abschmecken und über das Gericht gießen.

MAGGI KOCHSTUDIO
Ernährungsinfo:

Je Portion:
B: 1747 kJ (417 kcal)
N: E 25 g; KH 33 g; F 19 g

Ananas-Curry mit Satay-Spießen

3 Portionen

Zubereitungszeit:	40 Min.
300 g Putenschnitzel, dünn	längs in 2 cm breite Streifen schneiden und auf
6 Holzspießchen	wellenförmig aufstecken.
1 Chilischote, rot, klein	waschen, Kerne und weiße Innenhäute entfernen und in Würfel schneiden.
3 EL MAGGI Würze	mit
2 EL Limettensaft	und den Chiliwürfeln mischen. Satay-Spieße darin ca. 20 Min. marinieren. Von
1/2 Ananas	Blätter und Stielansatz abschneiden, der Länge nach schälen, in Achtel schneiden, Strunk entfernen und in Scheiben schneiden.
1 Stange Lauch	putzen, waschen und in Ringe schneiden. In einer Pfanne
2 EL THOMY Reines Sonnenblumenöl	heiß werden lassen. Satay-Spieße darin anbraten, herausnehmen. Lauch und Ananas in die Pfanne geben und darin anbraten.
200 ml Wasser	und
100 ml Milch	zugießen.
1 Beutel MAGGI Fix für Thai-Hähnchen Pfanne	einrühren und zum Kochen bringen.
100 g Sojabohnensprossen	waschen, abtropfen lassen, zugeben. Satay-Spieße zugeben und bei geringer Wärmezufuhr ca. 5 Min. kochen.
1 Banane	schälen und in Scheiben schneiden. Zu den Satay-Spießen geben und darin heiß werden lassen.

Servieren Sie dazu Basmati-Reis.

MAGGI KOCHSTUDIO
Ernährungsinfo:

Je Portion:
B: 1885 kJ (450 kcal)
N: E 31 g; KH 43 g; F 14 g

Asiatisches Spargel-Gemüse aus dem Wok mit Putenmedaillons

4 Portionen

Zubereitungszeit:	45 Min.
500 g Spargel, grün	waschen, evtl. das untere Drittel schälen und in 4–5 cm lange Stücke schneiden.
2 Möhren	putzen, waschen, schälen und in 4–5 cm lange dünne Stifte schneiden.
1 Frühlingszwiebel	putzen, waschen und ebenfalls in 4–5 cm lange dünne Streifen schneiden.
12 Putenmedaillons	waschen, trockentupfen und flach klopfen. Mit
1 TL MAGGI Würzmischung 1	würzen.
	In einer beschichteten Pfanne
2 EL THOMY Reines Sonnenblumenöl	heiß werden lassen. Die Putenmedaillons darin von beiden Seiten knusprig braun braten. Aus der Pfanne nehmen und warm stellen.
	In einem Wok
2 EL THOMY Reines Sonnenblumenöl	heiß werden lassen. Spargel und Möhren darin 3 Min. braten. Frühlingszwiebel zugeben und weitere 2 Min. mitbraten.
100 ml Reiswein	zugießen und ca. 5 Min. bei mittlerer Wärmezufuhr kochen.
250 ml Wasser	zugießen und
1 Beutel MAGGI Fix für China-Pfanne »Chop Suey«	einrühren.
100 g Sojabohnenkeimlinge, frisch	waschen, zugeben und bei geringer Wärmezufuhr weitere 5 Min. kochen. Das Gemüse zusammen mit den Medaillons auf Tellern anrichten und mit
Koriander, frisch	garniert servieren.

Servieren Sie dazu Basmati-Reis.

MAGGI KOCHSTUDIO
Ernährungsinfo:

Je Portion:
B: 2846 kJ (680 kcal)
N: E 48 g; KH 60 g; F 14 g

Pute mit Spitzkohl süß-sauer

Foto

3 Portionen

Zubereitungszeit:	25 Min.
300 g Putenbrustfilet	waschen, trockentupfen und in Würfel schneiden.
300 g Spitzkohl	putzen, waschen, den Strunk entfernen und in Streifen schneiden.
1 Möhre	putzen, waschen, schälen und in Scheiben schneiden. In einem Wok oder einer großen Pfanne
2 EL THOMY Reines Sonnenblumenöl	heiß werden lassen und das Fleisch darin kräftig anbraten. Das Gemüse zugeben und andünsten.
1 Dose (236 ml) LIBBY´S Ananas Dessert-Stücke	abtropfen lassen und zugeben.
300 ml Wasser	zugießen.
1 Beutel MAGGI Fix für Hähnchen süß-sauer	einrühren, zum Kochen bringen und bei geringer Wärmezufuhr ca. 10 Min. kochen.

Servieren Sie dazu Reis.

MAGGI KOCHSTUDIO
Ernährungsinfo:

Je Portion:
B: 1283 kJ (306 kcal)
N: E 27 g; KH 24 g; F 10 g

Fruchtige Hähnchenpfanne

3 Portionen

Zubereitungszeit:	30 Min.
400 g Hähnchenbrustfilet	waschen, trockentupfen und in Streifen schneiden.
20 g Ingwer	schälen, in kleine Würfel schneiden und zum Fleisch geben.
4 EL Soja Sauce	zufügen, alles gut mischen und ca. 1/2 Std. im Kühlschrank marinieren. In einer Pfanne
1 EL THOMY Reines Sonnenblumenöl	heiß werden lassen und das Fleisch darin anbraten.
1 Zwiebel	schälen und in Würfel schneiden.
125 g Kürbis	in Spalten teilen, Kerne mit einem Löffel entfernen, schälen und in Würfel schneiden.
1 Dose (580 ml) LIBBY´S Natursüß Ananas in Dessert-Würfel (Chunks)	abtropfen lassen, Saft auffangen. Zwiebel, Kürbis und Ananas zugeben und mitbraten.
2 EL Ananassaft	zugießen, heiß werden lassen.
1 TL MAGGI Klare Hühner-Bouillon	darin auflösen und ca. 5 Min. kochen lassen. In einem Topf
200 ml Wasser	erwärmen.
1 Beutel MAGGI Meisterklasse Zubereitung für Curry-Rahmsauce	mit dem Schneebesen einrühren. Unter Rühren aufkochen und bei geringer Wärmezufuhr 1 Min. kochen. Dabei gelegentlich umrühren.
3 EL Sahne, süß	unterrühren und heiß werden lassen.
2 EL Mandelsplitter	in einer Pfanne ohne Fett rösten, in die Sauce geben und zum Fleisch servieren.

Zubereitungszeit ohne Marinierzeit.

Servieren Sie dazu Reis.

MAGGI KOCHSTUDIO
Ernährungsinfo: Kalorienarm

Je Portion:
B: 1594 kJ (380 kcal)
N: E 37 g; KH 26 g; F 13 g

Hähnchen süß-sauer mit Kokos-Banane

3 Portionen

Zubereitungszeit:	30 Min.
300 g Hähnchenbrustfilet	waschen, trockentupfen und in Würfel schneiden.
1 Paprikaschote	waschen, Kerne und weiße Innenhäute entfernen und in Würfel schneiden.
1 Dose (236 ml) LIBBY'S Ananas Dessert-Stücke	abtropfen lassen und 50 ml Saft auffangen.
1 Banane	schälen und in Scheiben schneiden. Mit
1 EL Zitronensaft	und
1 EL Kokosflocken	mischen.
	In einer Pfanne oder einem Wok
2 EL THOMY Reines Sonnenblumenöl	heiß werden lassen. Bananen darin anbraten, heraus nehmen. Hähnchenbrustwürfel zugeben und in dem Bratfett anbraten. Paprikawürfel und Ananasstücke zugeben und mitbraten.
250 ml Wasser	und Ananassaft zugießen.
1 Beutel MAGGI Fix für Hähnchen süß-sauer	einrühren und aufkochen. Bei geringer Wärmezufuhr ca. 10 Min. kochen lassen. Die Bananenscheiben darauf anrichten und servieren.

MAGGI KOCHSTUDIO
Ernährungsinfo:

Je Portion:
B: 1382 kJ (330 kcal)
N: E 26 g; KH 29 g; F 11 g

Hähnchenpfanne »Süß-Sauer«

Foto

3 Portionen

Zubereitungszeit:	60 Min.
300 g Hähnchenbrustfilet	waschen, trockentupfen und in Streifen schneiden. Mit
1 TL Sherry	mischen und 30 Min. durchziehen lassen.
1 Bund Frühlingszwiebeln	putzen, waschen und schräg in Ringe schneiden.
1 Dose (236 ml) LIBBY'S Ananas Dessert-Stücke	abtropfen lassen, Ananassaft auffangen.
20 g Cashewkerne	in einer Pfanne ohne Fett rösten. In einem Wok oder einer Pfanne
1 EL THOMY Reines Sonnenblumenöl	heiß werden lassen, die Frühlingszwiebeln kurz andünsten, herausnehmen. Das Hähnchenbrustfilet in das Bratfett geben, anbraten und herausnehmen.
375 ml Wasser	zur Bratflüssigkeit gießen.
1 Beutel MAGGI Fix für China-Pfanne »Chop Suey«	einrühren, zum Kochen bringen und 10 Min. kochen. Hähnchenbrustfilet, Frühlingszwiebeln, Ananasstücke und
2 EL Ananassaft	zufügen, heiß werden lassen.
1 EL Zitronensaft	zufügen und mit Cashewkernen garniert servieren.

Servieren Sie dazu Reis oder Glasnudeln.

MAGGI KOCHSTUDIO
Ernährungsinfo: Fettarmes Rezept, Kalorienarm

Je Portion:
B: 1199 kJ (286 kcal)
N: E 29 g; KH 22 g; F 8 g

Seezungenfilets Chinesische Art

4 Portionen

Zubereitungszeit:	30 Min.
4 (à 120 g) Seezungen-Filets	waschen, trockentupfen. Mit
MAGGI Würzmischung 4	würzen.
½ Zitrone	auspressen. Mit dem Saft die Seezungenfilets beträufeln. Filets in
1 EL Mehl	wenden. In einer Pfanne
20 g Butter	heiß werden lassen. Die Seezungenfilets von beiden Seiten jeweils ca. 3 Min. braten, herausnehmen und warmstellen. In einem Topf
250 ml Wasser	erwärmen.
1 Beutel MAGGI Fix für China-Pfanne »Chop Suey«	einrühren, zum Kochen bringen und 1 Min. kochen.
1 EL Sahne, süß	unterrühren.
1 Dose (425 ml) Lychees	abtropfen lassen und zugeben.
6 Feigen, frisch	waschen, der Länge nach in Viertel schneiden, zugeben und heiß werden lassen.
250 g Glasnudeln	nach Anweisung auf der Packung zubereiten.
1 Feige, frisch	waschen und der Länge nach in Viertel schneiden. Jeweils einen Esslöffel Glasnudeln in die Mitte eines Tellers geben. Die Seezungenfilets in der Mitte halbieren und auf den Glasnudeln anrichten. Die Sauce darüber geben und mit einem Feigenviertel,
4 Minzeblättchen	und
4 Physalis (Kapstachelbeere)	garniert servieren.

MAGGI KOCHSTUDIO

Ernährungsinfo: Fettarmes Rezept

Je Portion:
B: 2129 kJ (508 kcal)
N: E 24 g; KH 84 g; F 7 g

Chinesische Fisch-Nudelpfanne

3 Portionen

Zubereitungszeit:	40 Min.
200 g Bandnudeln	nach Anweisung auf der Packung zubereiten und abtropfen lassen.
300 g Fisch-Filet, tiefgefroren	antauen lassen, waschen, trockentupfen und in Würfel schneiden.
1 EL Reiswein	
1 Eiweiß	und
1 TL Speisestärke	verrühren, Fischwürfel darin wenden und 10 Min. stehen lassen.
50 g Bambussprossen	in Stifte schneiden.
	In einem Wok oder einer Pfanne
1 EL THOMY Reines Sonnenblumenöl	heiß werden lassen und den Fisch und die Bambussprossen darin unter Rühren braten, herausnehmen.
375 ml Wasser	in das Bratfett gießen.
1 Beutel MAGGI Fix für China-Pfanne »Chop Suey«	einrühren, zum Kochen bringen und 10 Min. kochen lassen. Dabei gelegentlich umrühren. Nudeln, Fisch und Bambussprossen zugeben und heiß werden lassen.
MAGGI KOCHSTUDIO Ernährungsinfo:	Fettarmes Rezept *Je Portion: B: 1967 kJ (470 kcal) N: E 28 g; KH 65 g; F 6 g*

Tipp

Das Angebot von tiefgefrorenen Fisch-Filets ist heute sehr groß. Als Meeresfische eignen sich besonders die fettarmen und eiweißreichen Filets von Dorade (Brasse), Scholle, Seelachs, Kabeljau und Rotbarsch. Besonders reich an Omega-3-Fettsäuren ist der Lachs, ein Süßwasserfisch.

Thailändischer Fischauflauf – Hoo Mog Plaah

4 Portionen

Zubereitungszeit: 60 Min.

Backofen auf 200 °C vorheizen.

300 g Weißkohl putzen, waschen, den Strunk entfernen und in Streifen hobeln. In einem Topf

750 ml Wasser mit

1 Prise Fondor zum Kochen bringen, die Weißkohlstreifen darin ca. 3 Min. blanchieren und abtropfen lassen. In eine flache Auflaufform geben.

600 g Rotbarschfilet waschen, trockentupfen. 500 g Rotbarschfilet in 3 cm breite Streifen schneiden und auf dem Weißkohl verteilen.

1 Knoblauchzehe schälen.

1 Chilischote, rot, klein waschen, Kerne und weiße Innenhäute entfernen und in Würfel schneiden. Den restlichen Fisch mit der Knoblauchzehe und der Chilischote mit dem Schneidestab pürieren. Von

1 Dose (400 ml) Kokosmilch 4 EL in einen kleinen Topf geben und beiseite stellen. Die restliche Kokosmilch mit

1 Ei

3 EL Fischsauce und

1 Doppelpackung MAGGI Delikatess Currysoße zu der Fischmasse geben und nochmal mit dem Schneidestab zu einer cremigen Masse pürieren.

5 Kaffir-Limettenblätter, frisch oder getrocknet waschen, in feine Streifen schneiden und unter die Fischmasse mischen.

Die Masse über dem Fisch und den Weißkohlstreifen verteilen und den Fischauflauf zugedeckt im Backofen ca. 30 Min. backen.

Die restliche Kokosmilch zum Kochen bringen, dabei gelegentlich umrühren. Mit

1 EL MAGGI Soßenbinder für helle Soßen binden.

1 Paprikaschote, rot, klein waschen, Kerne und weiße Innenhäute entfernen und in feine Streifen schneiden. Den Fischauflauf mit der gebundenen Kokosmilch und den Paprikastreifen garniert servieren.

Servieren Sie dazu Reis.

MAGGI KOCHSTUDIO Ernährungsinfo:

Je Portion:
B: 1955 kJ (467 kcal)
N: E 34 g; KH 16 g; F 28 g

Fisch-Wok »süß-scharf«

4 Portionen

Zubereitungszeit:	25 Min.
400 g Fisch-Filet, tiefgefroren (z.B. Seelachs oder Rotbarsch)	auftauen, waschen, trockentupfen und in Würfel schneiden. Mit
Salz	und
Pfeffer	würzen. In einem Wok oder einer Pfanne
2 EL THOMY Reines Sonnenblumenöl	heiß werden lassen und den Fisch darin kräftig anbraten. Aus dem Wok nehmen und warm stellen.
250 g Zuckerschoten	putzen und waschen.
2 Möhren	putzen, waschen, schälen und in Scheiben schneiden.
1 Paprikaschote, gelb	waschen, Kerne und weiße Innenhäute entfernen und in Würfel schneiden. Gemüse in den Wok geben und dünsten.
1 Mango	schälen und in Würfel schneiden.
12 EL MAGGI Internationale Würzsauce Asia	zufügen und unterrühren. Fisch- und Mangowürfel zugeben und heiß werden lassen.

Servieren Sie dazu Basmati-Reis.
Tipp: Mit 4 EL gerösteten Mandelsplittern bestreut servieren.

MAGGI KOCHSTUDIO Ernährungsinfo: Fettarmes Rezept · Kalorienarm · mit Sonnenblumenöl

Je Portion:
B: 1556 kJ (371 kcal)
N: E 21 g; KH 50 g; F 7 g

Dorade mit Chinagemüse

Foto

2 Portionen

Zubereitungszeit:	40 Min.
1 (ca. 600 g) Dorade	waschen, trockentupfen und auf jeder Seite mit einem scharfen Messer dreimal schräg einschneiden. In
2 EL Mehl	wenden.

1 Bund Frühlingszwiebeln	putzen, waschen und in Ringe schneiden.
1 Möhre	putzen, waschen, schälen und in dünne Streifen schneiden.
100 g Mungobohnenkeimlinge	waschen und abtropfen lassen.
	In einem Wok oder einer Pfanne
THOMY Reines Sonnenblumenöl	(ca. 200 ml) heiß werden lassen und die Dorade von beiden Seiten jeweils ca. 5 Min. braten. Die Dorade aus dem Wok nehmen und auf eine vorgewärmte Platte legen. Das Öl bis auf 2 EL abgießen. Das Gemüse zugeben und ca. 2 Min. dünsten.
150 ml Wasser	
EL MAGGI Gourmet Bouillon Gemüse	und
125 ml MAGGI Internationale Würzsauce Asia	zufügen und kurz aufkochen lassen. Die Gemüsesauce über die Dorade geben und servieren.

Servieren Sie dazu Basmati-Reis.

MAGGI KOCHSTUDIO
Ernährungsinfo:

Je Portion:
B: 2075 kJ (495 kcal)
N: E 70 g; KH 42 g; F 7 g

Fischfilet Shanghai

3 Portionen

Zubereitungszeit:	40 Min.
400 g Kabeljau	waschen, trockentupfen und in breite Streifen schneiden. Mit
1 EL Essig	säuern und mit
1 TL MAGGI Würzmischung 4	würzen.
1 Eiweiß	
1 EL Speisestärke	und
1 TL Sesamöl	verrühren, Kabeljau darin marinieren.
1/2 Glas (280 g) Chinesische Stockschwämmchen	abtropfen lassen.
75 g Bambussprossen	in feine Streifen schneiden.
1 Paprikaschote, rot	waschen, Kerne und weiße Innenhäute entfernen und in Streifen schneiden.
3 Frühlingszwiebeln	putzen, waschen und in 3 cm lange Stücke schneiden.
1 Stück Ingwer, frisch	schälen und in kleine Stücke schneiden. In einer Pfanne
1 EL THOMY Reines Sonnenblumenöl	heiß werden lassen und das Gemüse ca. 3 Min. darin zugedeckt dünsten, dabei gelegentlich umrühren. Das Gemüse herausnehmen.
375 ml Wasser	zugießen.
1 Beutel MAGGI Fix für China-Pfanne »Chop Suey«	einrühren und zum Kochen bringen.
2 TL Honig	zufügen und ca. 10 Min. kochen, dabei gelegentlich umrühren. Gemüse zufügen und in der Soße heiß werden lassen. In einer Pfanne
3 EL THOMY Reines Sonnenblumenöl	heiß werden lassen und den Kabeljau darin braten. Mit Gemüse auf Tellern anrichten.

Servieren Sie dazu Reis.

MAGGI KOCHSTUDIO
Ernährungsinfo:

Je Portion:
B: 1542 kJ (368 kcal)
N: E 29 g; KH 18 g; F 19 g

Nudelpfanne mit Krabben

Foto

3 Portionen

Zubereitungszeit:	30 Min.
200 g BUITONI Tagliatelle	nach Anweisung auf der Packung zubereiten und abtropfen lassen.
150 g Krabben	in
1 TL Sherry	marinieren.
1 Stange Lauch	putzen, waschen, in Ringe schneiden. In einem Wok oder einer Pfanne
1 EL THOMY Reines Sonnenblumenöl	heiß werden lassen und unter Rühren den Lauch andünsten.
375 ml Wasser	zugießen.
1 Beutel MAGGI Fix für China-Pfanne »Chop Suey«	einrühren, zum Kochen bringen und 10 Min. kochen, gelegentlich umrühren. Krabben und Nudeln zugeben, heiß werden lassen und auf Tellern anrichten. Servieren Sie dazu Sojasprossen-Salat.
MAGGI KOCHSTUDIO Ernährungsinfo:	*Je Portion:* *B: 1591 kJ (380 kcal)* *N: E 20 g; KH 56 g; F 7 g*

Buntes Garnelen-Curry

2 Portionen

Zubereitungszeit: 20 Min.

250 g Riesengarnelen, tiefgefroren	auftauen lassen.
1 Paprikaschote, rot	putzen und in Würfel schneiden.
150 g Zuckerschoten	putzen, waschen und halbieren. In einer Pfanne
2 EL THOMY Reines Sonnenblumenöl	heiß werden lassen. Paprika und Zuckerschoten darin anbraten.
200 ml Wasser	und
100 ml Milch	zugießen.
1 Beutel MAGGI Fix für Thai-Hähnchen Pfanne	einrühren und zum Kochen bringen. Garnelen zugeben und bei geringer Wärmezufuhr ca. 5 Min. garen, dabei gelegentlich umrühren.

MAGGI KOCHSTUDIO
Ernährungsinfo:

Je Portion:
B: 1635 kJ (390 kcal)
N: E 30 g; KH 19 g; F 21 g

Gebratener Reis mit Garnelen

Foto

4 Portionen

Zubereitungszeit:	30 Min.
250 g Basmati-Reis	nach Anweisung auf der Packung zubereiten.
500 g Garnelen	waschen und trockentupfen.
1 Knoblauchzehe	schälen und durchpressen.
	Mit
1 EL Zitronensaft	
Salz	und
Pfeffer	verrühren. Die Garnelen darin ca. 10 Min. marinieren.
1 Zwiebel	schälen, halbieren und in Ringe schneiden.
1 Bund Frühlingszwiebeln	putzen, waschen und in Ringe schneiden.
2 Tomaten	waschen, den Blütenansatz entfernen und in Würfel schneiden.
	In einem Wok oder einer Pfanne
3 EL THOMY Reines Sonnenblumenöl	heiß werden lassen. Die Garnelen darin ca. 3 Min. braten. Das Gemüse zufügen und weitere 3 Min. braten. Den gegarten Reis unterheben.
12 EL MAGGI Internationale Würzsauce Asia	zufügen und heiß werden lassen.

MAGGI KOCHSTUDIO
Ernährungsinfo: Fettarmes Rezept · mit Sonnenblumenöl

Je Portion:
B: 2187 kJ (522 kcal)
N: E 29 g; KH 72 g; F 12 g

Mit Maggi macht das Kochen Spaß!

Rund um den Kochtopf macht dem Maggi Kochstudio Team keiner etwas vor. Die Beraterinnen sind in Hauswirtschaft ausgebildet und wissen Bescheid über gesunde Ernährung, zeitgemäßes Kochen und kulinarische Trends.

Wird die Soße nicht sämig? Wissen Sie nicht, was Sie morgen kochen sollen? Machen Kohlenhydrate dick? Das Maggi Kochstudio beantwortet Ihre Fragen und steht Ihnen mit Rat, Rezepten und Anregungen zur Seite. Fachkompetenz, eine umfangreiche Bibliothek und Test-Küchen zum Erproben der Gerichte machen es möglich.

Genießen online

Auf www.maggi.de finden Sie über 4.200 Rezepte und interessante Infos zum Thema Kochen und Genießen.

Willkommen im Club

Für alle, die regelmäßig tolle Rezepte, Tipps und Tricks rund ums Kochen und exklusive Vorteile genießen wollen, gibt es den MAGGI KOCHSTUDIO CLUB.

Kleiner Vorgeschmack gefällig?

Rufen Sie an: 069/66 71-20 99.
Klicken Sie rein: www.maggi.de
Oder schreiben Sie uns:
MAGGI KOCHSTUDIO CLUB
Postfach 5100
33413 Verl

Der Maggi Kochstudio Treff

Hier erleben Sie das Maggi Kochstudio hautnah und finden neue Rezepte, kreative Ideen, Tipps und vieles mehr.

Maggi Kochstudio Treff Frankfurt
Neue Kräme 27
60311 Frankfurt am Main
Telefon: 069 / 91 39 93 22
Telefax: 069 / 91 39 93 23

Maggi Kochstudio Treff Leipzig
Petersbogen
Petersstraße 36-44
04109 Leipzig
Telefon: 0341 / 1 49 77 74
Telefax: 0341 / 1 49 77 75

Maggi Kochstudio Treff Hamburg
Bergstraße 17 / Ecke Jungfernstieg
20095 Hamburg
Telefon: 040 / 30 38 17 03
Telefax: 040 / 32 37 40

Maggi
KOCHSTUDIO
hilft, berät, gibt Tipps

60523 Frankfurt am Main
Telefon: 069 / 66 71 28 41
Telefax: 069 / 66 71 48 04
Montag bis Freitag von
8:00 bis 17:00 Uhr

Bildnachweis
Fotos: MAGGI KOCHSTUDIO

Herausgeber: MAGGI KOCHSTUDIO

www.tretorri.de

Idee, Konzeption und Umsetzung:
CPA! Communications- und Projektagentur GmbH, Wiesbaden
www.cpagmbh.de

Fotografie: Peter Schulte, Hamburg/Marco Grundt, Hamburg
Buchgestaltung: Michael Kasper Visuelle Kommunikation, Emmelshausen
Satz: Buch-Werkstatt GmbH, Bad Aibling
Reproduktion: Lorenz & Zeller, Inning am Ammersee
Druck & Bindung: Passavia Druckservice GmbH, Passau

Printed in Germany

ISBN: 3-937963-02-02

Weitere Bücher
aus dem
Maggi Kochstudio

ISBN 3-937963-00-6

ISBN 3-937963-01-04